RICHARD WAGNER

Die Meistersinger von Nürnberg

COMPLETE VOCAL AND ORCHESTRAL SCORE

DOVER PUBLICATIONS, INC.
NEW YORK

Aus rechtlichen Gründen darf dieses Werk nicht im Gebiet der Bundesrepublik Deutschland und West-Berlin angeboten und/oder verkauft werden.

For legal reasons this title cannot be offered or sold in The Federal Republic of Germany and West Berlin.

Copyright © 1976 by Dover Publications, Inc.
All rights reserved under Pan American and
International Copyright Conventions.

This Dover edition, first published in 1976, is an unabridged and unaltered republication of an edition originally published by C. F. Peters, Leipzig, n.d. [ca. 1910]. In the present edition the introductory matter also appears in a specially prepared new English translation.

International Standard Book Number: 0-486-23276-X
Library of Congress Catalog Card Number: 75-31288

Manufactured in the United States of America
Dover Publications, Inc.
2 East 2nd Street
Mineola, N.Y. 11501

DIE MEISTERSINGER VON NÜRNBERG

In July 1845, in Marienbad, Wagner, then planning *Lohengrin*, also wrote his first sketch of *Die Meistersinger* as a comic counterpart to *Tannhäuser*, which he had just completed: both dramas involve a guild of singers hostile to an individual singer who assumes a superiority over them; both contain a song contest with a maiden's hand as the prize; in both, one renouncing hero is contrasted with an ardently loving hero. But at that time Wagner did not yet have any sustained interest in the material, which he considered too sarcastic. It was not until sixteen years later, responding to an external motivation, but also to deeply felt experience, that the poet resumed work on the comic subject. This was in the fall of 1861, when, finally amnestied in his German homeland, but almost without means of subsistence, he had contracted to furnish a new piece for the publisher Schott in Mainz. In November 1861, in Vienna, he quickly drafted a scenario, which he transformed into a highly effective poem toward the end of that year while living in Paris. Although the 1845 sketch provided a solid foundation, new elements, seemingly minor but really significant, such as Hans Sachs's unexpressed love for Eva, cause the action to reflect the inner feelings of the characters to a much greater extent and make Sachs the central thematic figure: now, alongside and above Walther, he is the silently suffering, resigned hero, the man of purest nobility of heart and warmest humor.

Beginning in February 1862, Wagner worked quickly on the music in Biebrich, so that by his birthday, May 22, satisfied with the prelude to the third act, he could write: "*Die Meistersinger* is becoming my best work." The splendid large-scale prelude to the first act, which contains the germ of the entire musical cosmos of the opera, was conducted by Wagner in Leipzig as early as November 2, 1862. But, hindered by unpleasant events and worries, he continued the composition quite slowly in the Viennese suburb of Penzig until 1864, and only much later did he finish the work, early in 1868 at Triebschen near Lucerne. The first performance was conducted by Hans von Bülow in Munich on June 21; in 1870 there were performances in Dresden, Berlin and Vienna. But if the Master hoped that his German nation would joyfully accept his gift, a cheerful work fashioned from the richest experience of human life, he was mistaken. The critics assailed this very work with particular violence, and its humor and splendor were only gradually recognized.

Although it has been said that in the contrast between his Walther von Stolzing and the guild of mastersingers, Richard Wagner portrayed the hard battle of his own life, it is nevertheless clear that everything of a personal, sarcastic or polemical nature was either eliminated or raised to the higher sphere of a pure and noble argument about art, in which each side retains its justification and its dignity. Above all, through the introduction of the second hero of the work, Hans Sachs, the external action of the drama, the song contest, is accompanied by an inner action taking place in Sachs's bosom, so that the argument about art now becomes a rivalry over the loved one as well—a rivalry which the quiet resignation of the older man leaves unspoken and which is expressed solely in the music. Hans Sachs, the conqueror, now also becomes the just and understanding mediator between Walther and the masters.

The music represents a totally new era in Wagner's production. In accordance with the plot, which centers on a guild of singers whose art is bound by severe regulations, the composition had to look back toward melodies of an older style and the polyphony had to move in rigorous and sturdily structured forms. These tonal elements are then confronted by the springtime and love motifs developing out of Walther von Stolzing's songs; both groups are combined with the personal serious themes of Sachs's monologues. Lastly, added to all this is a wealth of formal choruses, chorales, songs and dances. But these manifold riches can be traced back to just a few fertile germinal motifs of three or four notes. This creates a powerful unity of style in the midst of a richness of invention unusual even for Wagner.

Richard Sternfeld

DIE MEISTERSINGER VON NÜRNBERG

CHARACTERS IN THE ACTION:

Hans Sachs, shoemaker	⎫	Bass
Veit Pogner, goldsmith	⎪	Bass
Kunz Vogelsang, furrier	⎪	Tenor
Konrad Nachtigall, tinsmith	⎪	Bass
Sixtus Beckmesser, town clerk	⎪	Bass
Fritz Kothner, baker	⎬ Mastersingers	Bass
Balthasar Zorn, pewterer	⎪	Tenor
Ulrich Eisslinger, grocer	⎪	Tenor
Augustin Moser, tailor	⎪	Tenor
Hermann Ortel, soapmaker	⎪	Bass
Hans Schwarz, stocking weaver	⎪	Bass
Hans Foltz, coppersmith	⎭	Bass
Walther von Stolzing, a young knight from Franconia		Tenor
David, Sachs's apprentice		Tenor
Eva, Pogner's daughter		Soprano
Magdalene, Eva's nurse		Soprano
A Night Watchman		Bass

Townsmen of all guilds and their wives. Journeymen.
Apprentices. Girls. Populace.

SCENE OF THE ACTION:

Nuremberg, about the middle of the sixteenth century

First Act: Interior of St. Catherine's Church.
Second Act: In the street in front of the homes of Pogner and Sachs.
Third Act: (A) Sachs's workshop. (B) An open meadow on the Pegnitz.

INSTRUMENTATION:

Violins I & II, Violas, Violoncelli, Basses. 2 Flutes, 1 Piccolo, 2 Oboes, 2 Clarinets, 2 Bassoons. 4 Horns,* 3 Trumpets,** 3 Trombones, 1 Bass Tuba. 2 Kettledrums, Triangle, Bass Drum, Cymbals, Chimes. 1 Harp, 1 Lute.

In addition, on stage: a night watchman's horn (𝄢), trumpets of varied pitch (as many as desired), drums.

* The sign + over a note designates a stopped tone to be played forcefully.
** The muting of the trumpets, together with strong blowing, is designed to produce the humorous sound of loud toy trumpets.

CONTENTS

		page
Prelude		7

First Act

Scene	I	*Chorus:* Da zu dir der Heiland kam	45
		Walther: Verweilt!—Ein Wort! ein einzig Wort!	50
Scene	II	*Apprentices:* David! Was stehst?	75
Scene	III	*Pogner:* Seid meiner Treue wohl versehen	114
		Walther: Am stillen Herd in Winterszeit	173
		Walther: Fanget an! So rief der Lenz in den Wald	195

Second Act

Prelude			259
Scene	I	*Apprentices:* Johannistag! Blumen und Bänder	262
Scene	II	*Pogner:* Lass sehn, ob Meister Sachs zu Haus?	277
Scene	III	*Sachs:* Zeig her!—'s ist gut	288
		Sachs: Was duftet doch der Flieder	290
Scene	IV	*Eva:* Gut'n Abend, Meister! Noch so fleissig?	299
Scene	V	*Eva:* Da ist er!—Ja, Ihr seid es!	330
Scene	VI	*Walther:* Wie? Sachs? Auch er?	354
		Sachs: Jerum! Als Eva aus dem Paradies	358
		Beckmesser: Freund Sachs! So hört doch nur ein Wort	379
		Beckmesser: Den Tag seh ich erscheinen	406
		Kothner: Wer heult denn da?	421
Scene	VII	*David:* Zum Teufel mit dir, verdammter Kerl!	428

Third Act

Prelude			461
Scene	I	*David:* Gleich, Meister! Hier!	465
		David: Am Jordan Sankt Johannes stand	476
		Sachs: Wahn! Wahn! Überall Wahn!	485
Scene	II	*Sachs:* Grüss Gott, mein Junker	500
		Sachs: Mein Freund! In holder Jugendzeit	510
		Walther: Morgenlich leuchtend in rosigem Schein	525
Scene	III	*Beckmesser:* Ein Werbelied! Von Sachs!	548
Scene	IV	*Sachs:* Grüss Gott, mein Evchen!	598
		Walther: Weilten die Sterne im lieblichen Tanz?	613
		Eva: Selig, wie die Sonne (Quintet)	652
Scene	V	*Procession of the Guilds*	671
		Procession of the Mastersingers	703
		Chorus: Wach auf! es nahet gen den Tag	716
		Sachs: Euch macht ihr's leicht, mir macht ihr's schwer	724
		Walther: Morgenlich leuchtend in rosigem Schein	774
		Sachs: Verachtet mir die Meister nicht	802
		Final Chorus: Ehrt eure deutschen Meister	813

DIE MEISTERSINGER VON NÜRNBERG

IM Juli 1845 hat Wagner in Marienbad zugleich mit dem „Lohengrin" die „Meistersinger" entworfen, als ein heiteres Satyrspiel zu dem eben vollendeten „Tannhäuser": in beiden Dramen eine Sängerzunft in Feindschaft gegen einen Sänger, der sich über sie erhebt, in beiden ein Sängerwettstreit, dessen Preis die Hand eines Mädchens, in beiden ein entsagender Held dem leidenschaftlich begehrenden entgegengestellt. Damals aber hat Wagner dem Stoff, der ihm zuviel Ironisches enthielt, noch keine nachhaltige Teilnahme geschenkt. Erst 16 Jahre später, aus äußerlichem Anlaß, aber zugleich aus tiefinnerlicher Erfahrung heraus hat der Dichter den heiteren Stoff wieder vorgenommen: im Herbst 1861, als er — im deutschen Vaterland endlich amnestiert, aber fast ohne Existenzmittel — dem Verleger Schott in Mainz vertragsmäßig ein neues Werk zu liefern sich verpflichtet hatte. Rasch entwarf er November 1861 in Wien ein Szenarium, das er um die Jahreswende in Paris zur wirksamsten Dichtung umgestaltete. Bildete jener Entwurf von 1845 die feste Grundlage, so ist doch durch neue, scheinbar geringfügige und doch höchst bedeutsame Züge, wie die unausgesprochene Liebe des Hans Sachs zu Evchen, die Handlung jetzt viel tiefer in das Innere der Handelnden verlegt und die Gestalt des Sachs in den idealen Mittelpunkt gerückt worden: er ist nun neben und über Walther der still leidende, resignierte Held, der Mann von reinstem Adel des Herzens und innigstem Humor.

Die Musik wurde in Biebrich seit Februar 1862 rasch gefördert, so daß Wagner schon an seinem Geburtstage (22. Mai), als ihm das Vorspiel zum 3. Akte gelungen, schreiben konnte: „Die Meistersinger werden mein bestes Werk." Das große und prächtige Vorspiel des 1. Akts, das die ganze Tonwelt im Kerne enthält, hat er bereits am 2. November 1862 in Leipzig dirigiert. Und doch, durch widerliche Schicksale und Sorgen gehemmt, schritt die Komposition in Penzing bei Wien bis 1864 nur langsam vorwärts, und erst viel später, Anfang 1868 ist das ganze Werk in Triebschen bei Luzern abgeschlossen worden. Am 21. Juni fand in München die erste Aufführung unter Hans v. Bülows Orchesterleitung statt; 1870 folgten Dresden, Berlin, Wien. Jedoch, wenn der Meister gehofft hatte, mit diesem heiteren, aus dem vollen Menschenleben gegriffenen Werke seinem deutschen Volke eine freudig begrüßte Gabe geschenkt zu haben, so hatte er sich getäuscht. Der Widerstand der Kritik entbrannte gerade gegen dieses Drama aufs heftigste, und erst allmählich wurde es in seiner ganzen Heiterkeit und Herrlichkeit erkannt.

Hat man gesagt, daß Richard Wagner in dem Gegensatz seines Walther Stolzing zu der Zunft der Meistersinger seinen eigenen schweren Lebenskampf dargestellt hat, so ist es doch klar, wie sehr alles Persönliche, Ironische, Polemische verschwunden oder in die höhere Sphäre eines reinen und edlen Kunststreites gezogen worden, in dem jeder Partei ihre Berechtigung und ihre Würde gewahrt bleibt. Vor allem ist durch die Einführung des anderen Helden dieses Werkes, Hans Sachs, neben die äußere Handlung des Dramas, das Preiswettsingen, eine innere Handlung getreten, die sich in der Brust des Sachs abspielt, so daß der Streit um die Kunst nun zugleich zu einem Streit um die Geliebte wird, der aber bei der stillen Resignation des älteren Mannes unausgesprochen, nur der Deutung durch die Musik überlassen bleibt. Hans Sachs, der Überwinder, wird nun auch der gerechte und verstehende Mittler zwischen Walther und den Meistern.

Die Musik bezeichnet eine ganz neue Epoche des Wagnerschen Schaffens. Der Handlung entsprechend, in deren Mittelpunkt eine Sängerzunft und ihr in strenge Regeln eingegrenzter Kunstbetrieb steht, mußte die Komposition zu altertümlichen Weisen zurücklenken und die Polyphonie sich in straffen und festgefügten Formen bewegen. Diesen Tongruppen stehen dann die Lenz- und Liebes-Motive gegenüber, die sich aus den Gesängen Walthers von Stolzing ergeben; beides verbindet sich mit eignen ernsten Themen in den Monologen des Sachs. Dazu endlich eine Fülle von geschlossenen Chören, Chorälen, Liedern, Tänzen. Dieser vielgestaltige Reichtum läßt sich aber wieder auf wenige fruchtbare Keime — Motive von drei bis vier Tönen — zurückführen. So entsteht eine kraftvolle Einheitlichkeit des Stils bei allem, selbst für Wagner unerhörtem Reichtum der Erfindung.

Richard Sternfeld.

Die Meistersinger von Nürnberg.

Personen der Handlung:

Hans Sachs, Schuster	⎫	*Baß*
Veit Pogner, Goldschmied	⎪	*Baß*
Kunz Vogelgesang, Kürschner	⎪	*Tenor*
Konrad Nachtigall, Spengler	⎪	*Baß*
Sixtus Beckmesser, Stadtschreiber	⎪	*Baß*
Fritz Kothner, Bäcker	⎬ Meistersinger.	*Baß*
Balthasar Zorn, Zinngießer	⎪	*Tenor*
Ulrich Eißlinger, Würzkrämer	⎪	*Tenor*
Augustin Moser, Schneider	⎪	*Tenor*
Hermann Ortel, Seifensieder	⎪	*Baß*
Hans Schwarz, Strumpfwirker	⎪	*Baß*
Hans Foltz, Kupferschmied	⎭	*Baß*
Walther von Stolzing, ein junger Ritter aus Franken		*Tenor*
David, Sachsens Lehrbube		*Tenor*
Eva, Pogners Tochter		*Sopran*
Magdalene, Evas Amme		*Sopran*
Ein Nachtwächter		*Baß*

Bürger und Frauen aller Zünfte. Gesellen. Lehrbuben. Mädchen. Volk.

Schauplatz der Handlung:

Nürnberg, um die Mitte des 16ten Jahrhunderts.

Erster Aufzug: Im Inneren der Katharinenkirche.

Zweiter Aufzug: In den Straßen vor den Häusern Pogners und Sachsens.

Dritter Aufzug: *a)* Sachsens Werkstatt, *b)* ein freier Wiesenplan an der Pegnitz.

Orchesterbesetzung.

Violinen I u. II, Bratschen, Violoncelli, Kontrabässe — 2 gr. Flöten, 1 kl. Flöte, 2 Hoboen, 2 Klarinetten, 2 Fagotte — 4 Hörner*), 3 Trompeten**), 3 Posaunen, 1 Baßtuba — 2 Pauken; Triangel, gr. Trommel, Becken, Glockenspiel — 1 Harfe, 1 Laute.

Hierzu auf dem Theater: ein Nachtwächter-Stierhorn (𝄢 ♭). Trompeten in verschiedenen Stimmungen mit beliebig starker Besetzung. — Trommeln.

---

*) Das Zeichen + über der Note bezeichnet den zu stopfenden und stark anzublasenden Ton.

**) Die vorkommende Anwendung der D ä m p f u n g der Trompeten hat den Zweck, bei starkem Anblasen den komischen Klang starker Kindertrompeten hervorzubringen.

INHALT.

		Seite
Vorspiel		7

Erster Aufzug.

Szene	I.	Chor: Da zu dir der Heiland kam	45
		Walther: Verweilt! — Ein Wort! ein einzig Wort!	50
„	II.	Lehrbuben: David! Was stehst?	75
„	III.	Pogner: Seid meiner Treue wohl versehen	114
		Walther: Am stillen Herd in Winterszeit	173
	„	Fanget an! So rief der Lenz in den Wald	195

Zweiter Aufzug.

Vorspiel			259
Szene	I.	Lehrbuben: Johannistag! Blumen und Bänder	262
„	II.	Pogner: Laß sehn, ob Meister Sachs zu Haus?	277
„	III.	Sachs: Zeig her! — 's ist gut	288
	„	Was duftet doch der Flieder	290
„	IV.	Eva: Gut'n Abend, Meister! Noch so fleißig?	299
„	V.	„ Da ist er! — Ja, Ihr seid es!	330
„	VI.	Walther: Wie? Sachs? Auch er?	354
		Sachs: Jerum! Als Eva aus dem Paradies	358
		Beckmesser: Freund Sachs! So hört doch nur ein Wort	379
	„	Den Tag seh ich erscheinen	406
		Kothner: Wer heult denn da?	421
„	VII.	David: Zum Teufel mit dir, verdammter Kerl!	428

Dritter Aufzug.

Vorspiel			461
Szene	I.	David: Gleich, Meister! Hier!	465
	„	Am Jordan Sankt Johannes stand	476
		Sachs: Wahn! Wahn! Überall Wahn!	485
„	II.	„ Grüß Gott, mein Junker	500
	„	Mein Freund! In holder Jugendzeit	510
		Walther: Morgenlich leuchtend in rosigem Schein	525
„	III.	Beckmesser: Ein Werbelied! Von Sachs!	548
„	IV.	Sachs: Grüß Gott, mein Evchen!	598
		Walther: Weilten die Sterne im lieblichen Tanz?	613
		Eva: Selig, wie die Sonne (Quintett)	652
„	V.	Aufzug der Zünfte	671
		Aufzug der Meistersinger	703
		Chor: Wach auf! es nahet gen den Tag	716
		Sachs: Euch macht ihr's leicht, mir macht ihr's schwer	724
		Walther: Morgenlich leuchtend in rosigem Schein	774
		Sachs: Verachtet mir die Meister nicht	802
		Schlußchor: Ehrt eure deutschen Meister	813

Vorspiel.

Richard Wagner.

8

10

12

15

16

17

19

Bewegt, doch immer noch etwas breit.

20

22

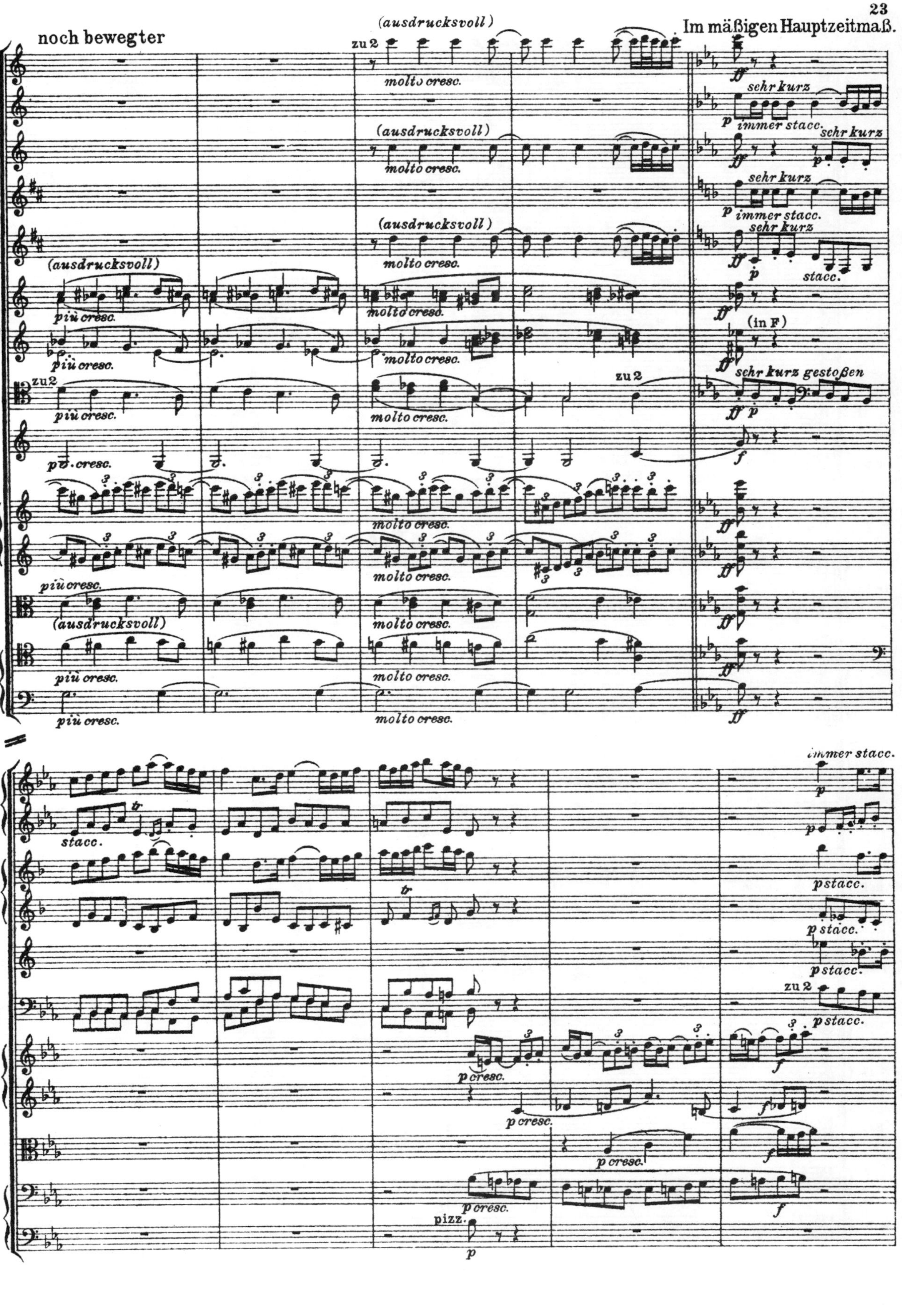
noch bewegter
Im mäßigen Hauptzeitmaß.
Gr. Fl.
Hob.
Klar. in B.
in F. Hr. in E.
Fag.
Trp. III in C.
I. Viol. II.
Br.
Vcl.
K. B.
(ausdrucksvoll)
zu 2
molto cresc.
sehr kurz
immer stacc.
più cresc.
(in F)
sehr kurz gestoßen
stacc.
Hr. I. in F.
p stacc.
p cresc.
pizz.

26

28

29

32

34

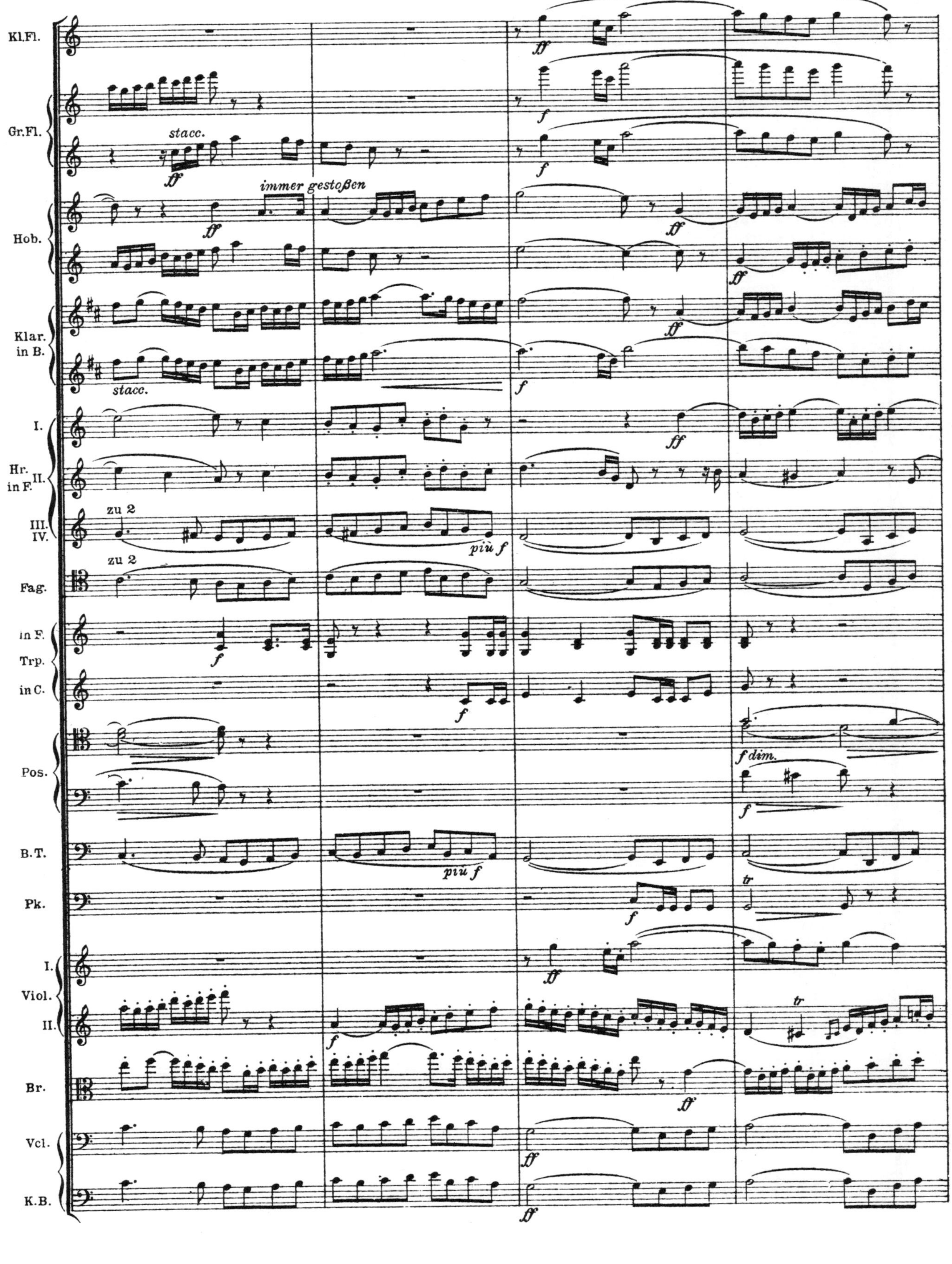
Kl.Fl.
Gr.Fl.
stacc.
immer gestoßen
Hob.
Klar. in B.
stacc.
I.
Hr. in F. II.
zu 2
III. IV.
più f
zu 2
Fag.
in F.
Trp.
in C.
Pos.
f dim.
B. T.
più f
Pk.
tr
I.
Viol.
II.
tr
Br.
Vcl.
K.B.

36

37

38

39

40

41

42

44

Erster Aufzug.

Erste Szene.

Die Bühne stellt das Innere der Katharinenkirche in schrägem Durchschnitt dar; von dem Hauptschiff, welches links ab, dem Hintergrunde zu, sich ausdehnend anzunehmen ist, sind nur noch die letzten Reihen der Kirchenstuhlbänke sichtbar; den Vordergrund nimmt der freie Raum vor dem Chor ein; dieser wird später durch einen schwarzen Vorhang gegen das Schiff zu gänzlich geschlossen. In der letzten Reihe der Kirchenstühle sitzen Eva und Magdalene; Walther von Stolzing steht in einiger Entfernung, zur Seite an eine Säule gelehnt, die Blicke auf Eva heftend, die sich mit stummem Gebärdespiel wiederholt zu ihm umkehrt.

46

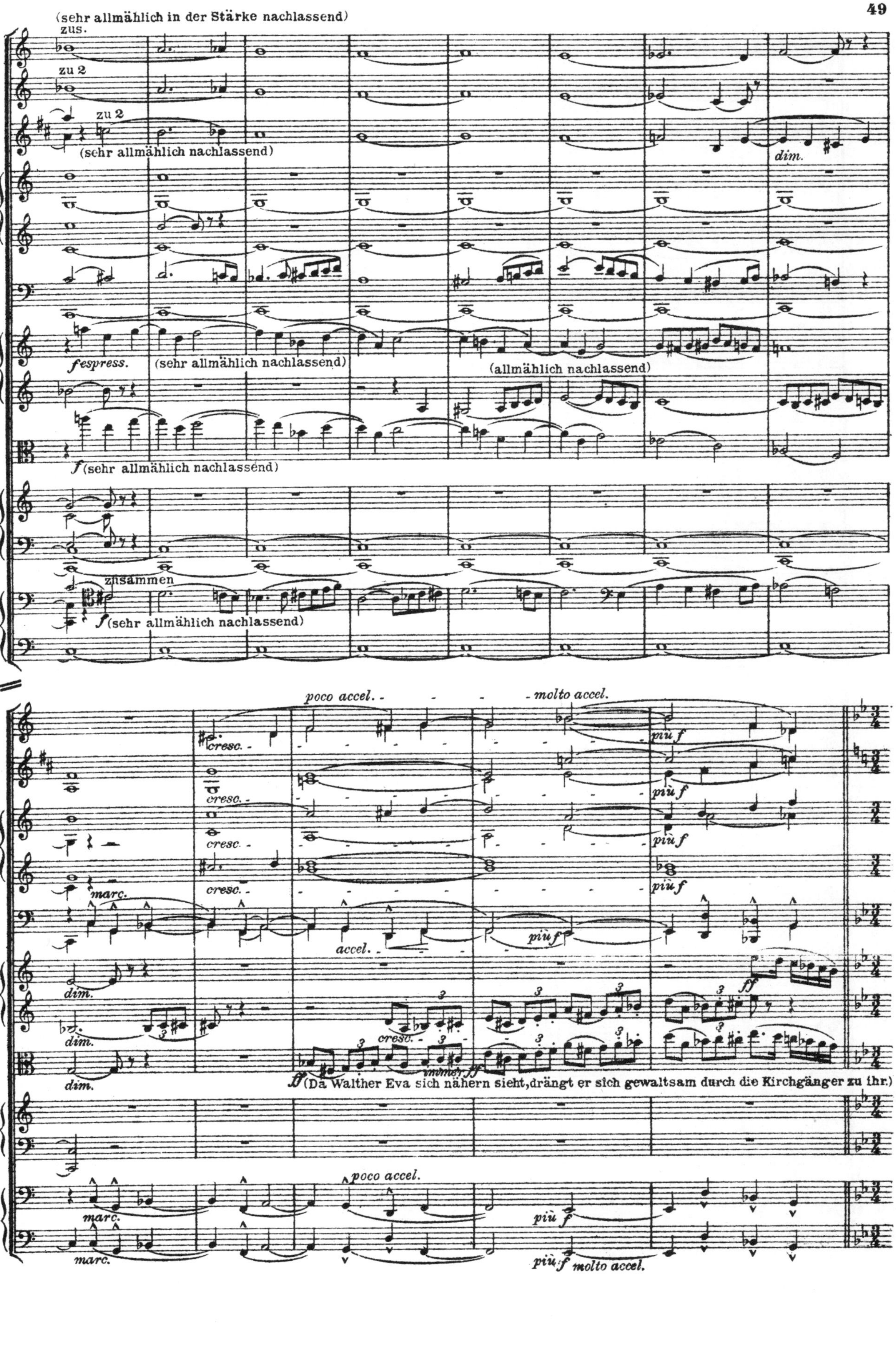
(sehr allmählich in der Stärke nachlassend)
zus.
3 gr.Fl.
zu 2
Hob.
zu 2
Klar. in B.
(sehr allmählich nachlassend)
dim.
in F.
Hr.
in C.
Fag.
I.
Viol.
II.
espress.
(sehr allmählich nachlassend)
(allmählich nachlassend)
Br.
f (sehr allmählich nachlassend)
Org.
zusammen
Vcl.
f (sehr allmählich nachlassend)
K.B.
poco accel.
molto accel.
cresc.
più f
marc.
accel.
dim.
cresc.
immer ff
ff
ff (Da Walther Eva sich nähern sieht, drängt er sich gewaltsam durch die Kirchgänger zu ihr.)
poco accel.
più f
marc.
più f molto accel.

50

52

56

60

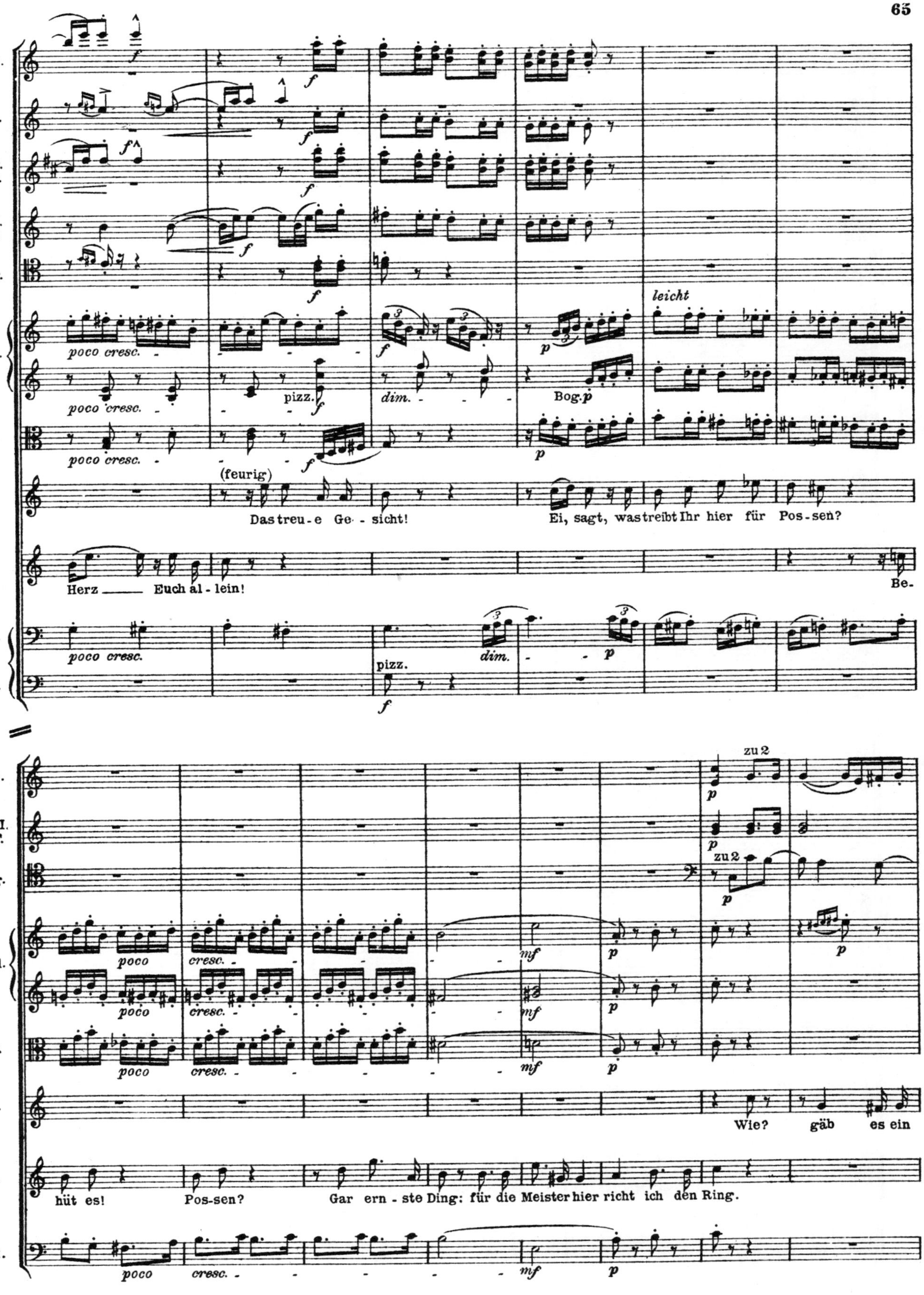
Gr.Fl.
Hob.
Klar. in B.
Hr. I. in F.
Fag.
I. Viol. II.
Br.
M.
D.
Vcl.
K.B.
poco cresc.
pizz.
dim.
Bog.
leicht
(feurig)
Das treu-e Ge-sicht!
Ei, sagt, was treibt Ihr hier für Pos-sen?
Herz Euch al-lein!
Be-
Hob.
Hr.I.II. in F.
Fag.
zu 2
poco
cresc.
mf
Wie? gäb es ein
hüt es! Pos-sen? Gar ern-ste Ding: für die Meister hier richt ich den Ring.

72

Zweite Szene.

76

78

80

86

97

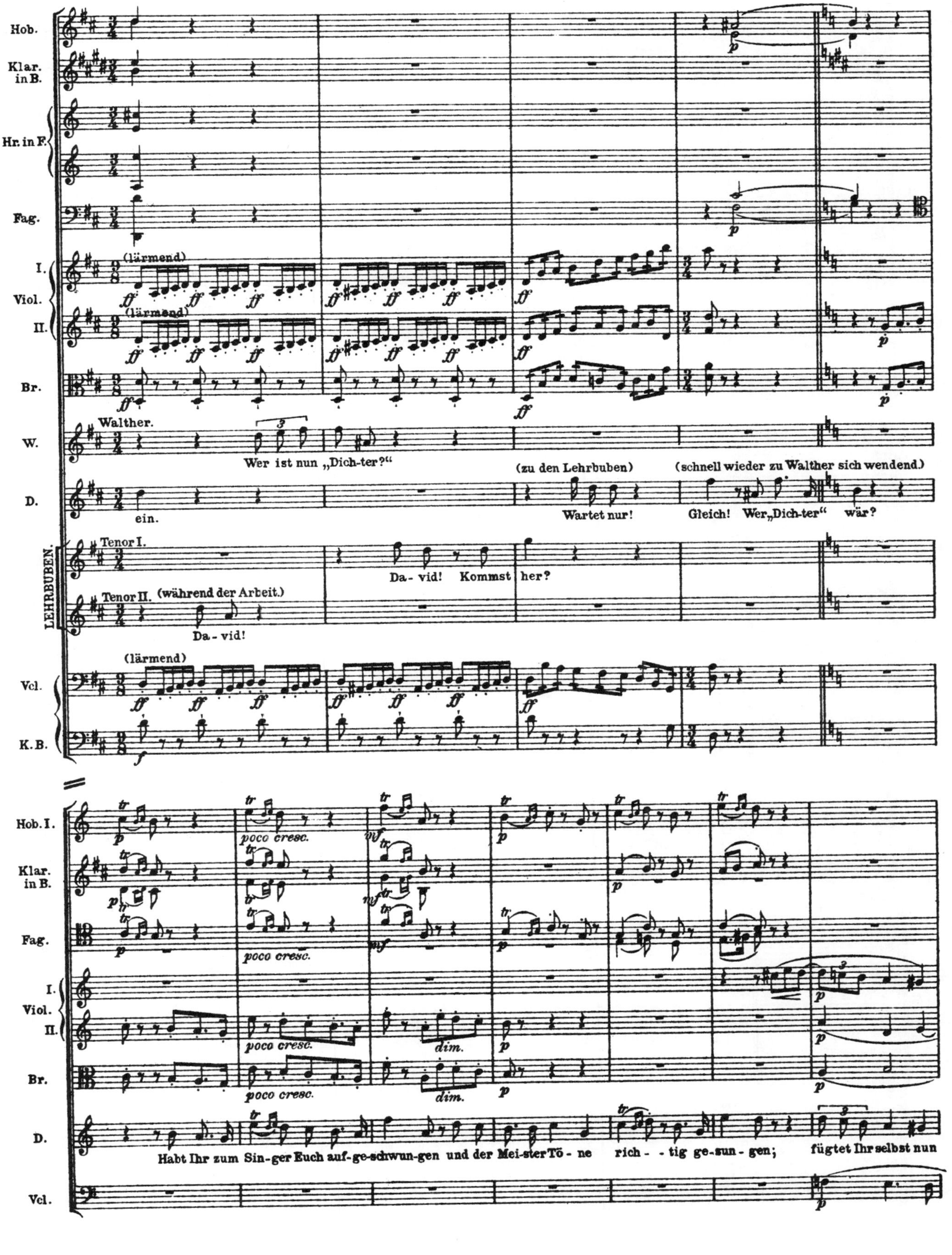
Hob.
Klar. in B.
Hr. in F.
Fag.
Viol. I. II.
(lärmend)
Br.
Walther.
W.
Wer ist nun „Dich-ter?“
(zu den Lehrbuben)
(schnell wieder zu Walther sich wendend.)
D.
ein.
Wartet nur!
Gleich! Wer „Dich-ter“ wär?
LEHRBUBEN.
Tenor I.
Da - vid! Kommst her?
Tenor II. (während der Arbeit.)
Da - vid!
Vcl.
K. B.
Hob. I.
poco cresc.
dim.
Habt Ihr zum Sin-ger Euch auf-ge-schwun-gen und der Mei-ster Tö - ne rich - - tig ge-sun - gen; fügtet Ihr selbst nun

Wort und Rei-men, die er er-fand, aus Tö- nen auch fügt ei-ne neu- - e Wei-se:

der wird als Mei- - - ster- - sin- ger er- kannt!

So bleibt mir ein- zig der

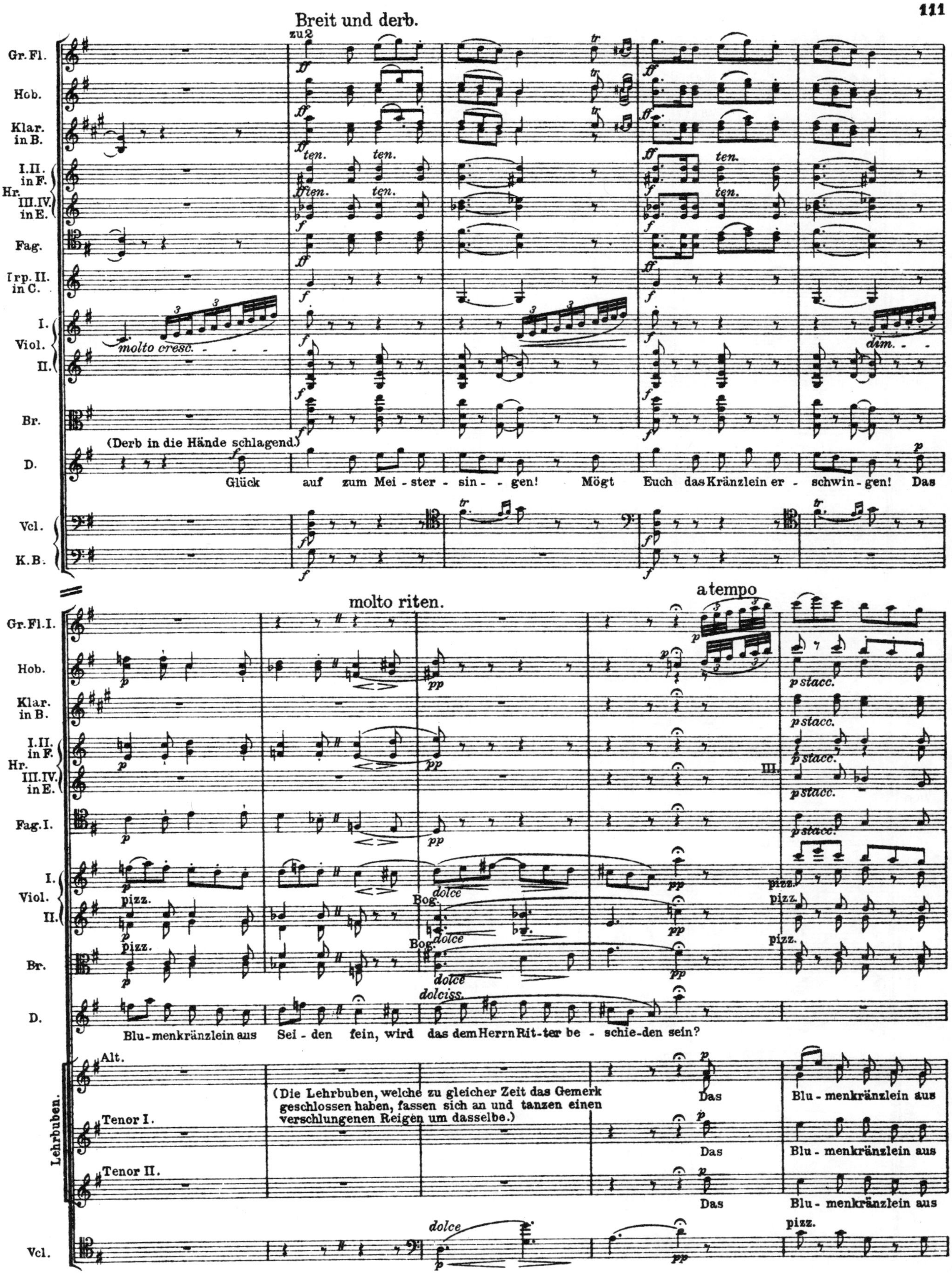
Breit und derb.
Gr. Fl.
Hob.
Klar. in B.
I. II. in F.
Hr.
III. IV. in E.
Fag.
Trp. II. in C.
I.
Viol.
II.
Br.
D.
Vcl.
K. B.
zu 2
ten.
molto cresc.
dim.
(Derb in die Hände schlagend.)
Glück auf zum Mei - ster - sin - - gen! Mögt Euch das Kränzlein er - schwin - gen! Das
molto riten.
a tempo
Gr. Fl. I.
Fag. I.
p stacc.
III.
pizz.
Bog.
dolce
dolciss.
Blu - menkränzlein aus Sei - den fein, wird das dem Herrn Rit - ter be - schie - den sein?
Alt.
Tenor I.
Tenor II.
Lehrbuben.
(Die Lehrbuben, welche zu gleicher Zeit das Gemerk geschlossen haben, fassen sich an und tanzen einen verschlungenen Reigen um dasselbe.)
Das
Blu - menkränzlein aus

Dritte Szene.

(Die Einrichtung ist nun folgendermaßen beendigt:— zur Seite rechts sind gepolsterte Bänke in der Weise aufgestellt, daß sie einen schwachen Halbkreis nach der Mitte zu bilden. Am Ende der Bänke, in der Mitte der Bühne, befindet sich das „Gemerk" benannte Gerüste, welches zuvor hergerichtet worden. Zur linken Seite steht nur der erhöhte, kathederartige Stuhl („der Singstuhl") der Versammlung gegenüber. Im Hintergrunde, den großen Vorhang entlang, steht eine lange niedere Bank für die Lehrlinge.— Walther, verdrießlich über das Gespött der Knaben, hat sich auf die vordere Bank niedergelassen. Pogner und Beckmesser sind im Gespräch aus der Sakristei aufgetreten. Die Lehrbuben harren ehrerbietig vor der hinteren Bank stehend. Nur David stellt sich anfänglich am Eingang der Sakristei auf.)

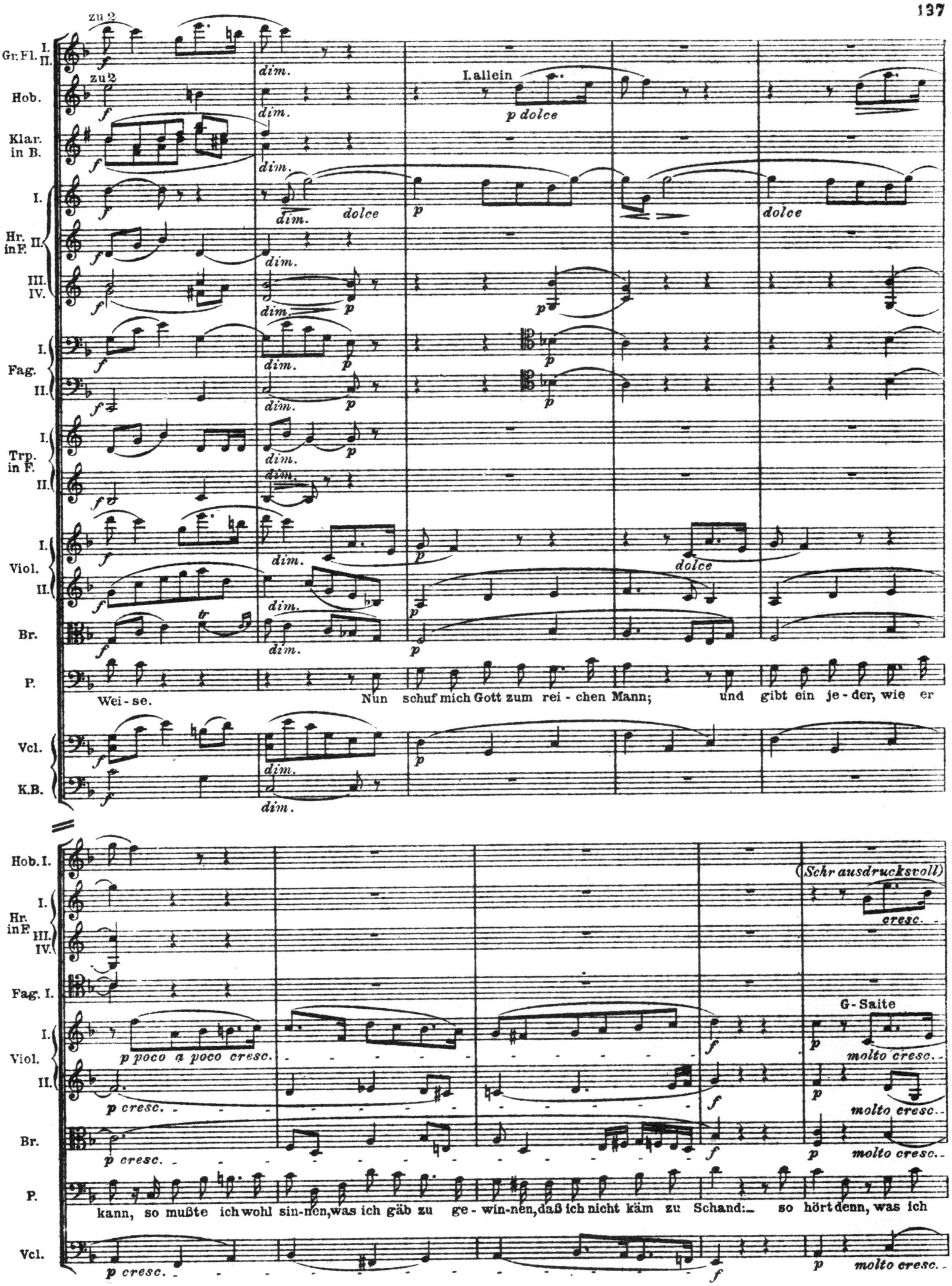
zu 2
Gr. Fl. I. II.
Hob.
Klar. in B.
Hr. in F. I. II. III. IV.
Fag. I. II.
Trp. in F. I. II.
Viol. I. II.
Br.
P.
Vcl.
K.B.
I. allein
p dolce
dolce
dim.
Wei-se. Nun schuf mich Gott zum rei-chen Mann; und gibt ein je-der, wie er
Hob. I.
Fag. I.
(Sehr ausdrucksvoll)
G-Saite
p poco a poco cresc.
p cresc.
molto cresc.
kann, so mußte ich wohl sin-nen, was ich gäb zu ge-win-nen, daß ich nicht käm zu Schand: so hört denn, was ich

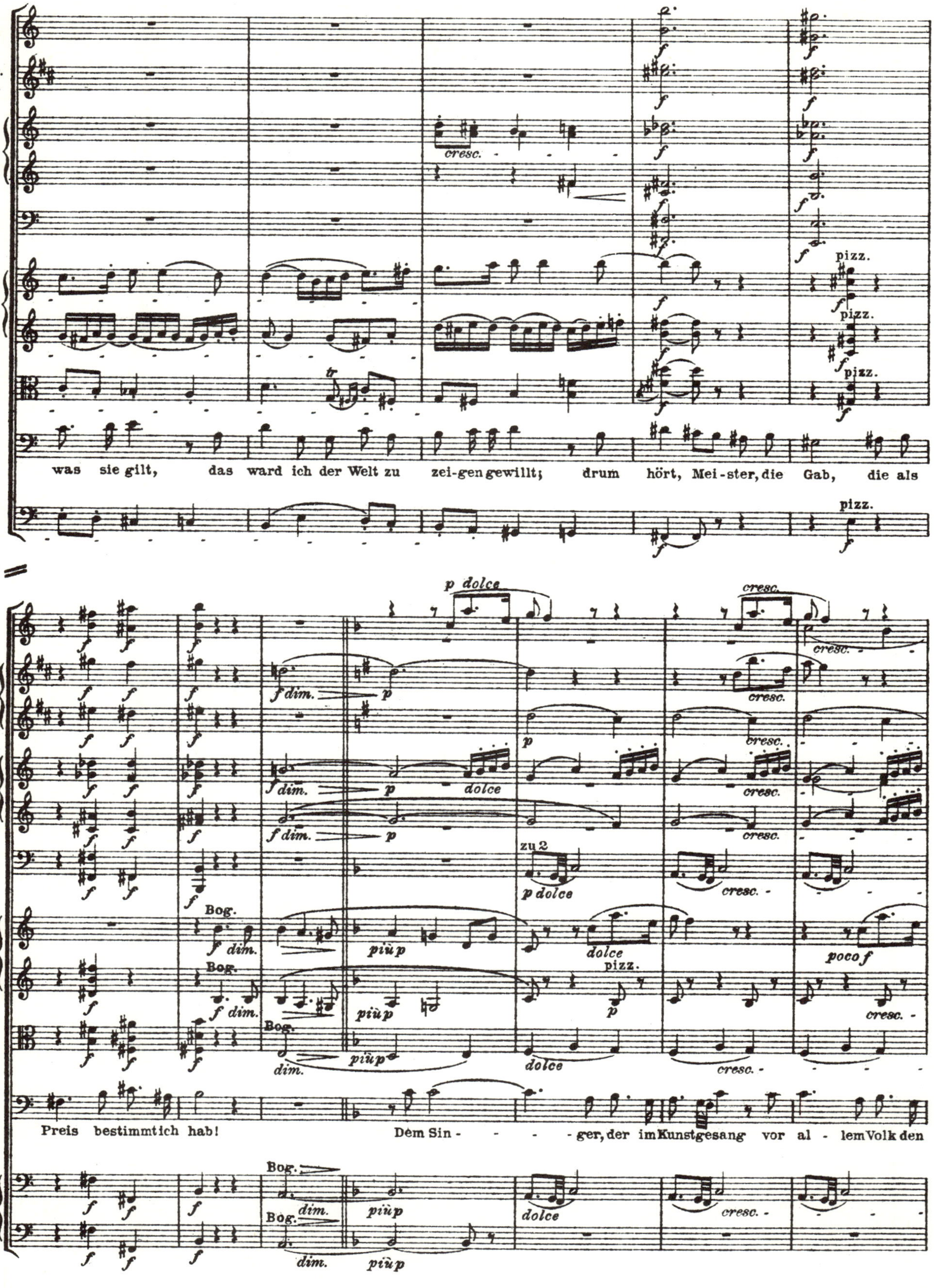
Hob.
Klar. in B.
Hr. in F.
Fag.
I. Viol. II.
Br.
P.
was sie gilt, das ward ich der Welt zu zei-gen gewillt; drum hört, Mei-ster, die Gab, die als
Vcl. K.B.
pizz.
cresc.
Preis bestimmt ich hab! Dem Sin- - - - ger, der im Kunstgesang vor al - lem Volk den
p dolce
f dim.
piùp
dolce
zu 2
Bog.
poco f
Vcl.
K.B.

144

147

149

157

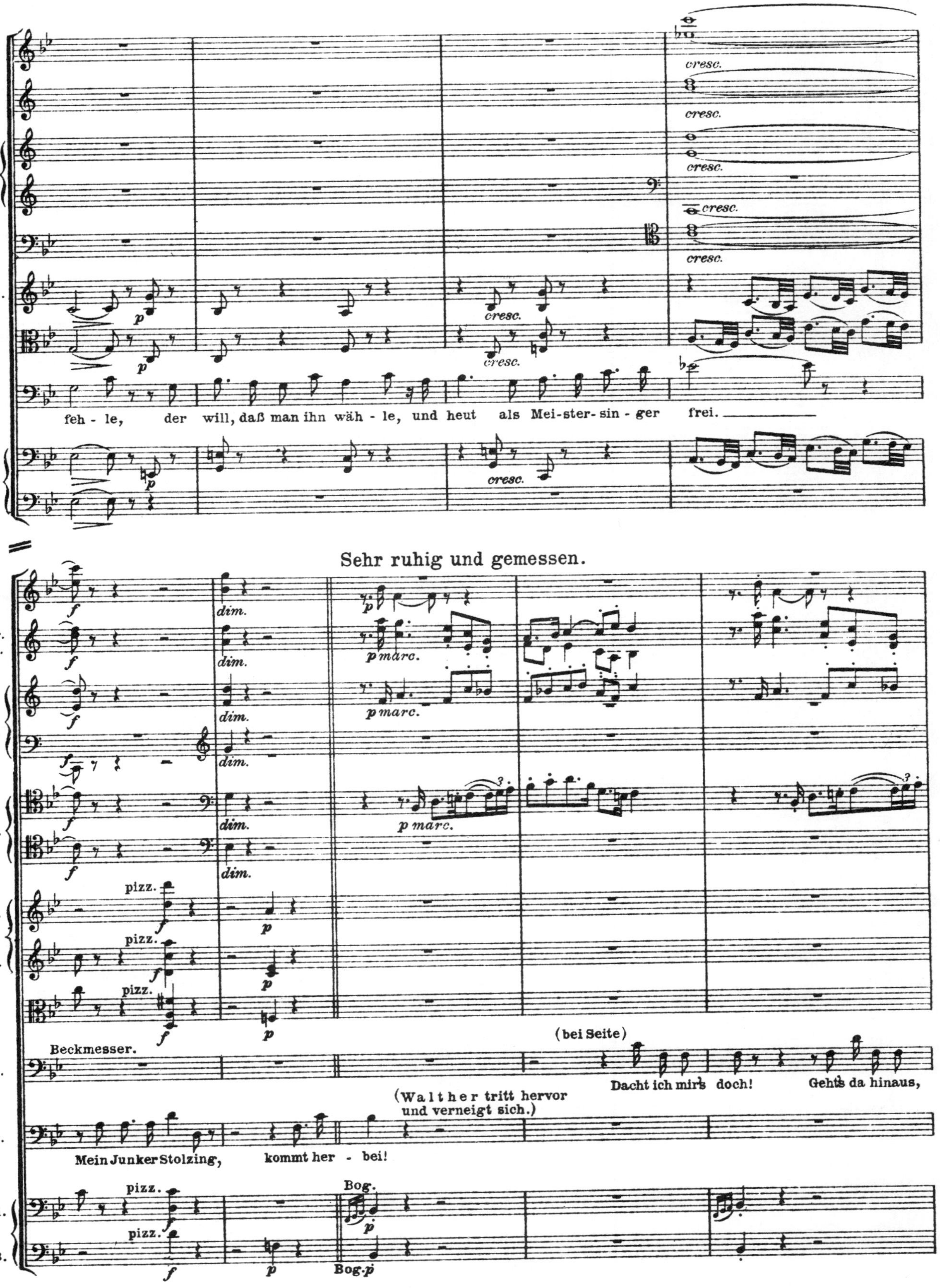
Hob.
Klar. in B.
Hr. in F.
Fag.
Viol. II.
Br.
P
Vcl.
K.B.
cresc.
fehle, der will, daß man ihn wähle, und heut als Meister-singer frei.
Sehr ruhig und gemessen.
dim.
p marc.
pizz.
Viol.
Beckmesser.
B.
(bei Seite)
Dacht ich mir's doch! Geht's da hinaus,
(Walther tritt hervor und verneigt sich.)
Mein Junker Stolzing, kommt herbei!
Bog.

168

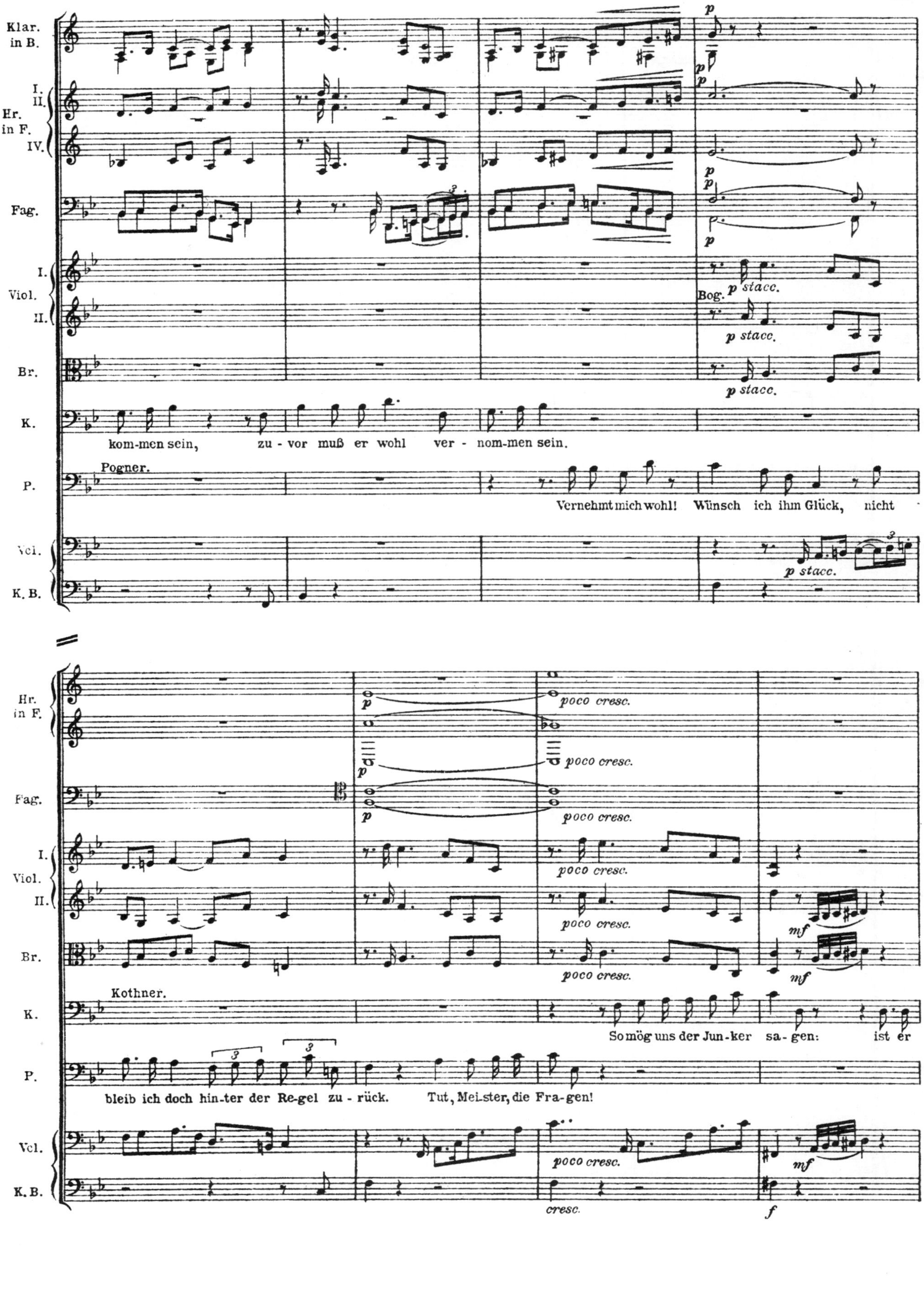
Klar. in B.
I. II. Hr. in F. IV.
Fag.
I. Viol. II.
Br.
K.
P.
Vcl.
K. B.
p stacc.
Bog.
p stacc.
p stacc.
kom-men sein, zu-vor muß er wohl ver-nom-men sein.
Pogner.
Vernehmt mich wohl! Wünsch ich ihm Glück, nicht
p stacc.
Hr. in F.
Fag.
I. Viol. II.
Br.
K.
P.
Vcl.
K. B.
poco cresc.
poco cresc.
poco cresc.
poco cresc.
poco cresc.
poco cresc.
mf
mf
Kothner.
So mög uns der Jun-ker sa-gen: ist er
bleib ich doch hin-ter der Re-gel zu-rück. Tut, Mei-ster, die Fra-gen!
poco cresc.
mf
cresc.
f

170

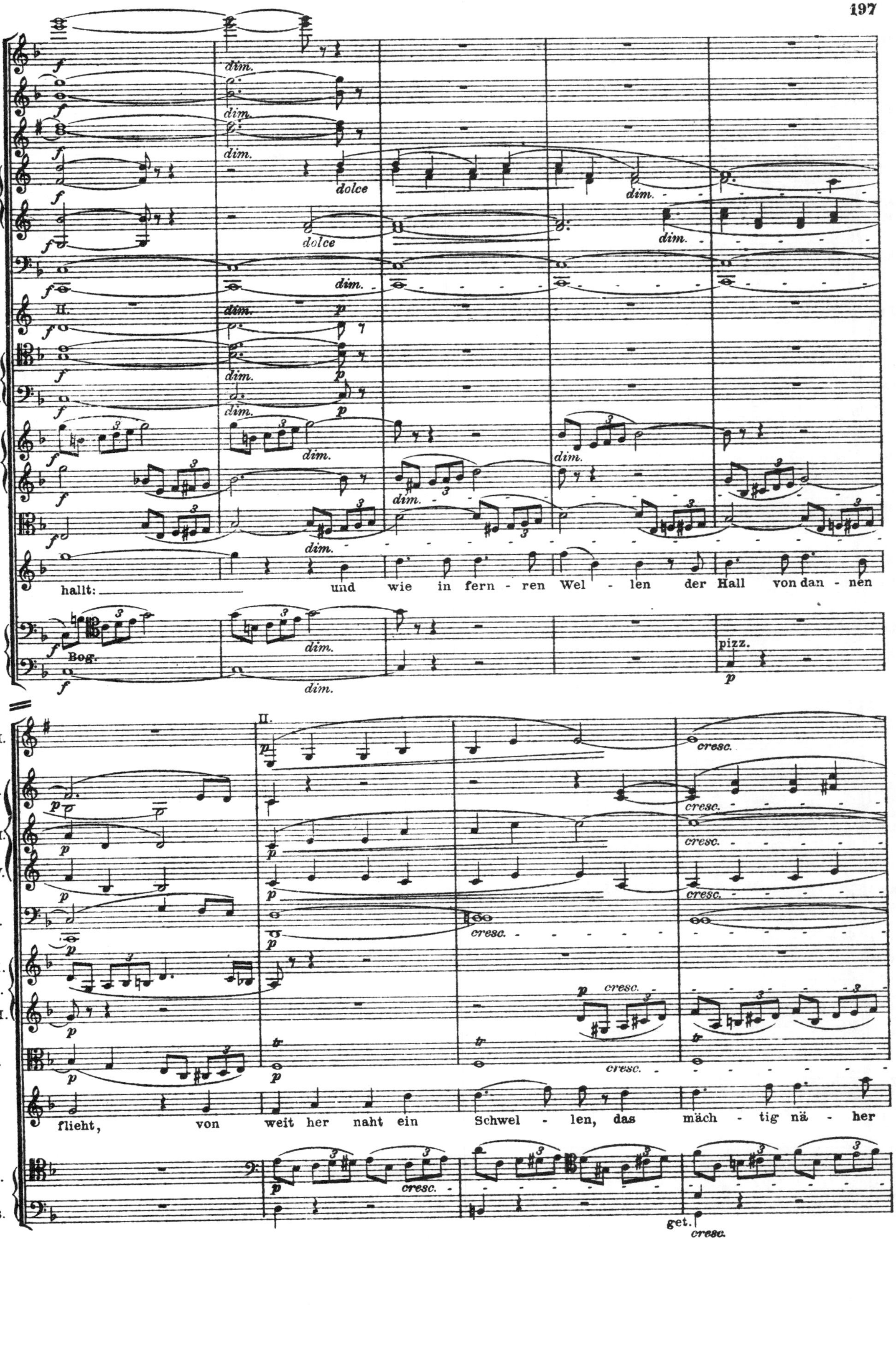

hallt: und wie in fern-ren Wel-len der Hall von dan-nen

flieht, von weit her naht ein Schwel-len, das mäch-tig nä-her

204

206

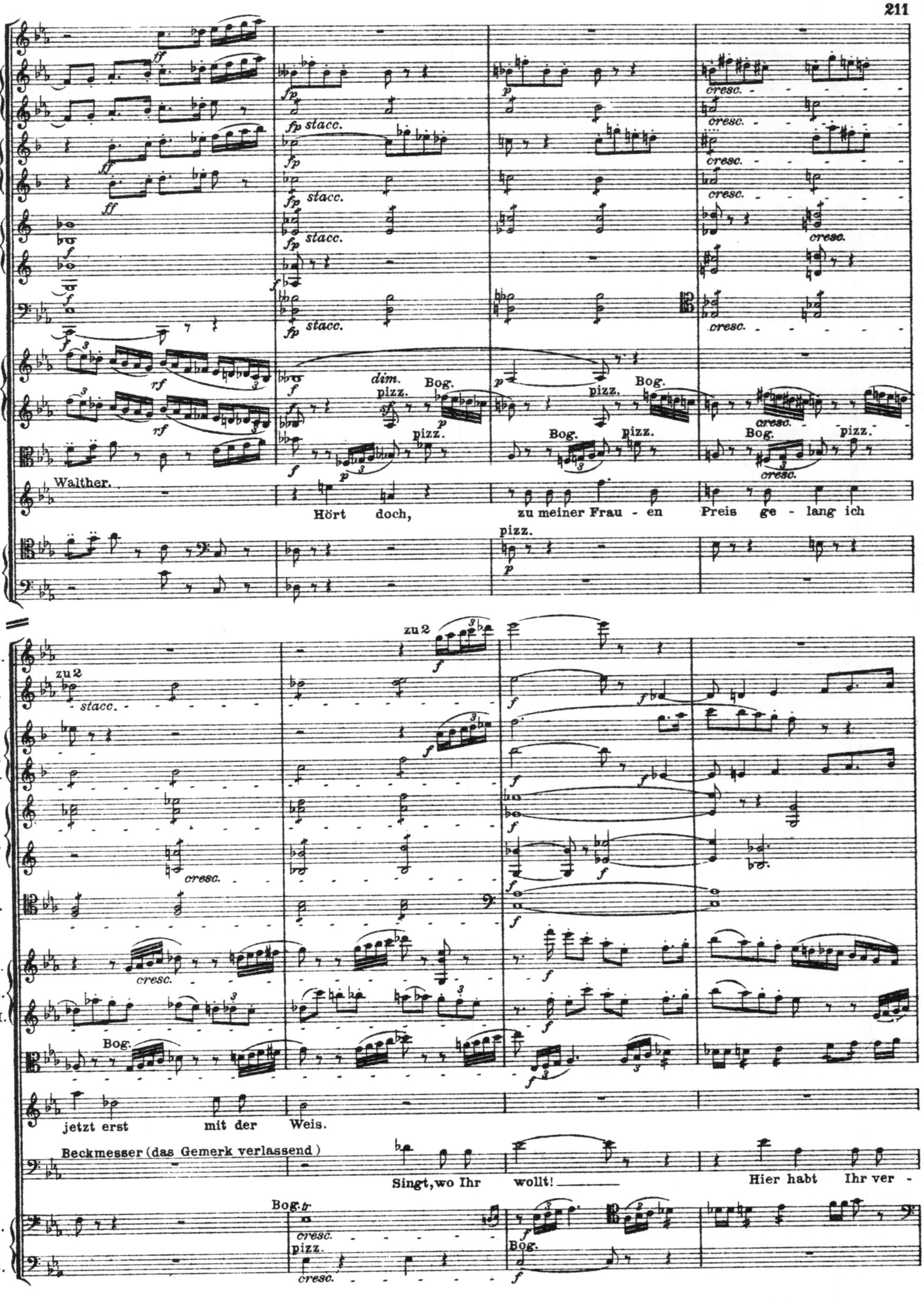
Gr.Fl.
I. Hob. II.
I. Klar. II
Hr. in F.
Fag.
I. Viol. II.
Br.
W.
Vcl.
K.B.
ff
fp stacc.
cresc.
dim.
pizz.
Bog.
rf
sf
Walther.
Hört doch,
zu meiner Frau - en
Preis ge - lang ich
zu 2
stacc.
jetzt erst
mit der
Weis.
Beckmesser (das Gemerk verlassend)
Singt, wo Ihr
wollt!
Hier habt Ihr ver -

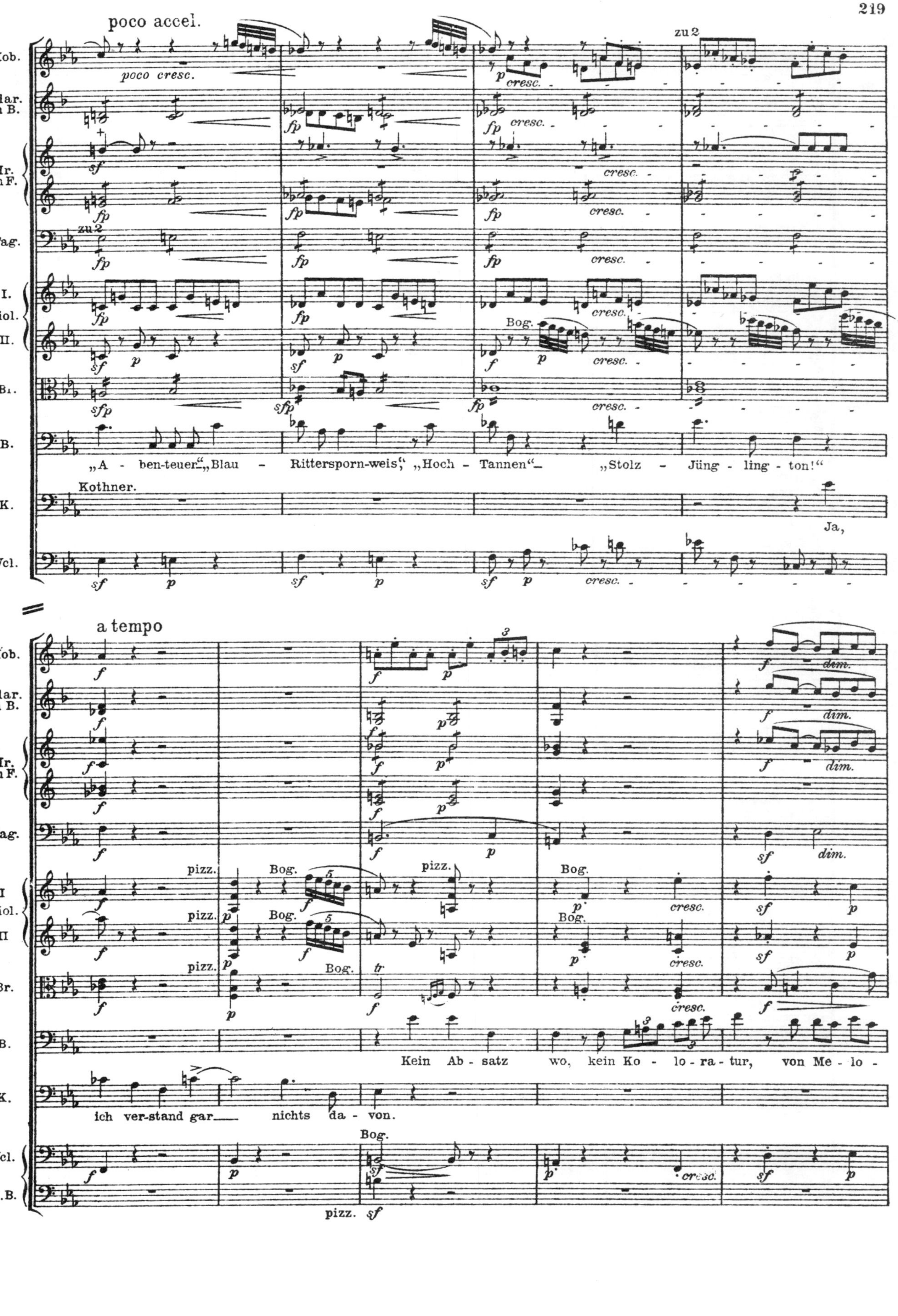
poco accel.
Hob.
Klar. in B.
Hr. in F.
Fag.
I. Viol. II.
Br.
B.
K.
Vcl.
poco cresc.
cresc.
zu 2
Bog.
„A - ben-teuer“ „Blau - Rittersporn-weis“ „Hoch - Tannen“ - „Stolz - Jüng - ling - ton!“
Kothner.
Ja,
a tempo
K.B.
pizz.
Kein Ab - satz wo, kein Ko - lo - ra - tur, von Me - lo -
ich ver-stand gar nichts da - von.
dim.

220

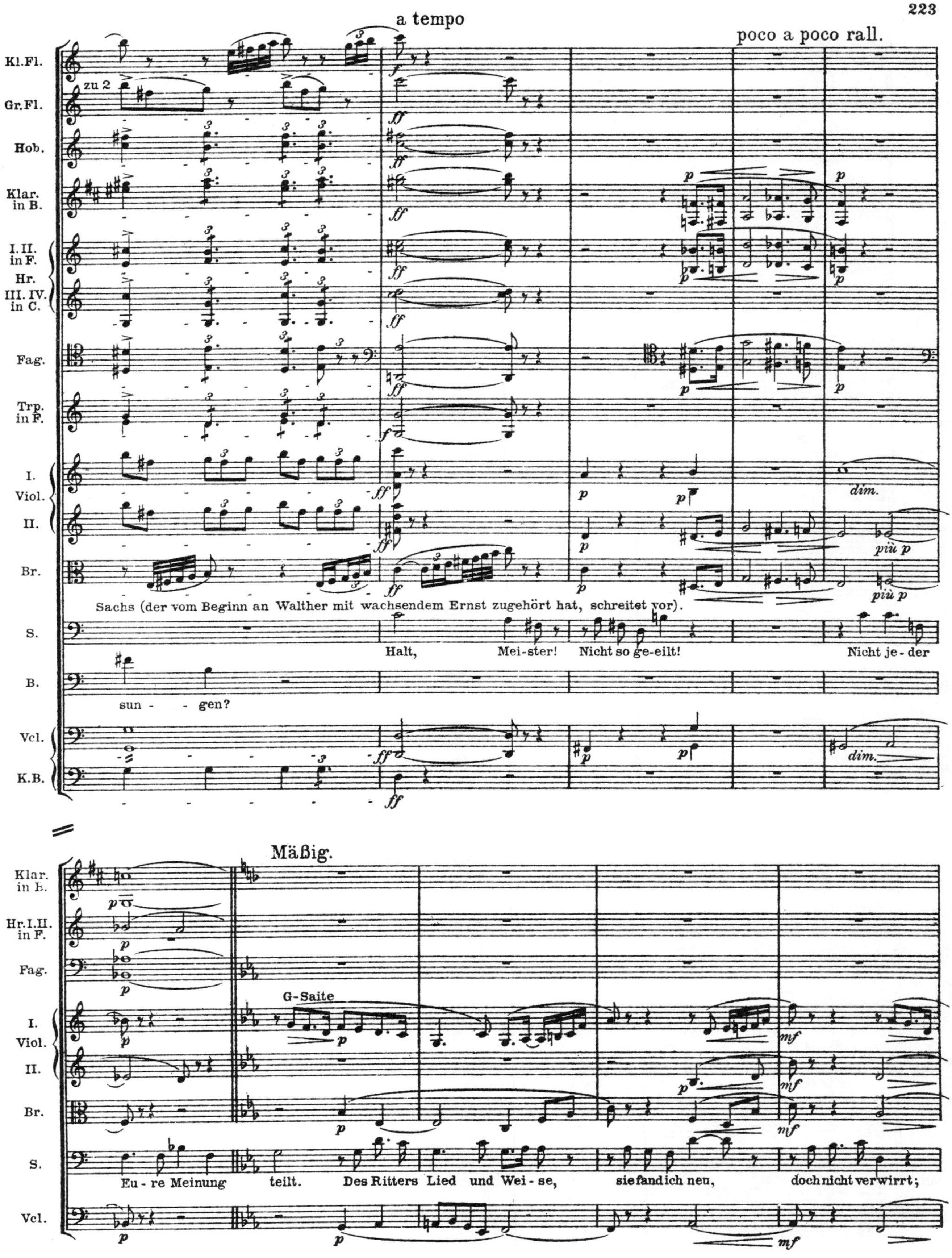
a tempo
poco a poco rall.
Kl.Fl.
Gr.Fl.
zu 2
Hob.
Klar. in B.
I. II. in F.
Hr.
III. IV. in C.
Fag.
Trp. in F.
I.
Viol.
II.
Br.
Sachs (der vom Beginn an Walther mit wachsendem Ernst zugehört hat, schreitet vor).
S.
Halt, Mei-ster! Nicht so ge-eilt! Nicht je-der
B.
sun - - gen?
Vcl.
K.B.
dim.
più p
Mäßig.
Klar. in B.
Hr. I. II. in F.
Fag.
I.
Viol.
II.
G-Saite
Br.
S.
Eu-re Meinung teilt. Des Ritters Lied und Wei-se, sie fand ich neu, doch nicht verwirrt;
Vcl.

226

233

244

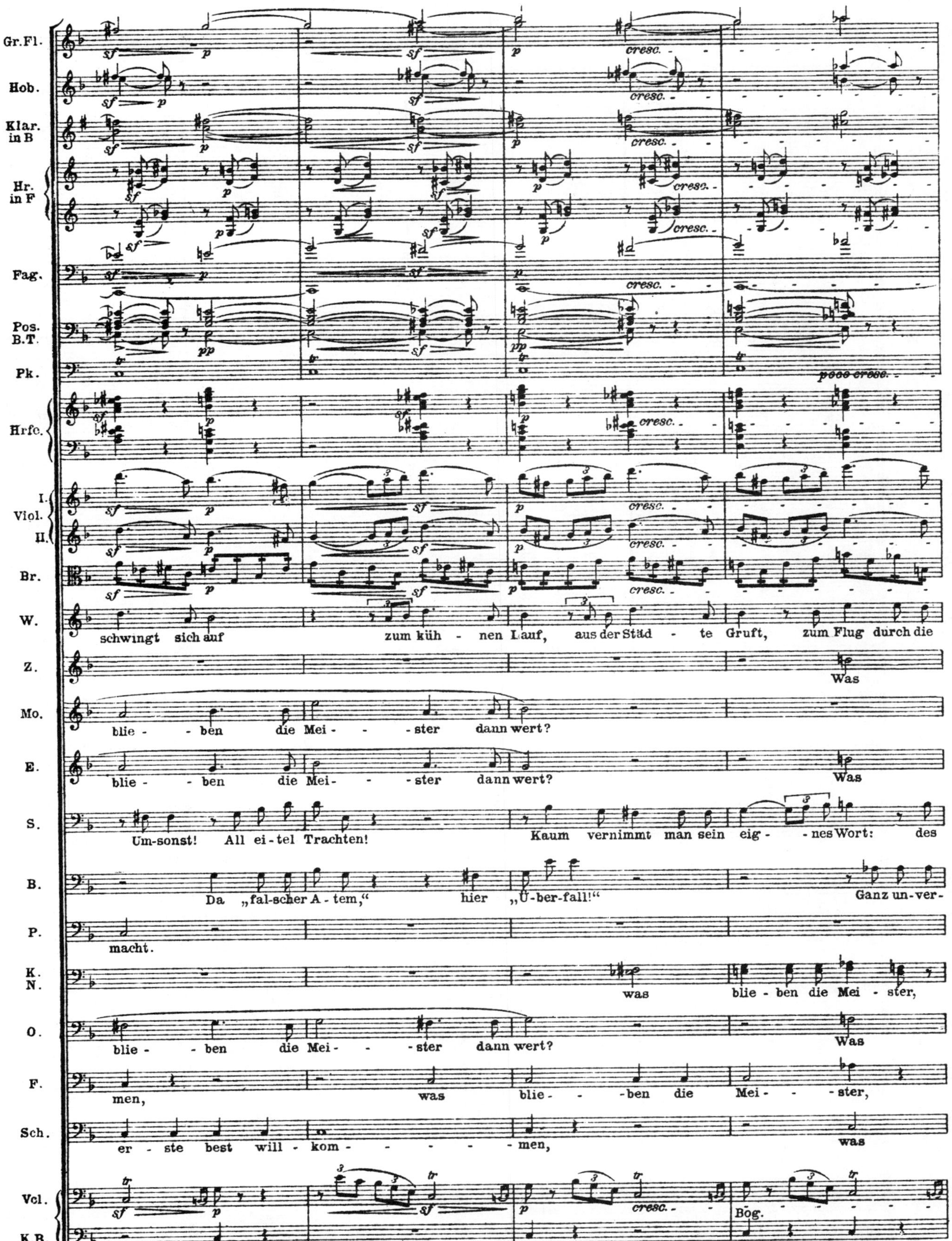
Gr. Fl.
Hob.
Klar. in B
Hr. in F
Fag.
Pos. B. T.
Pk.
Hrfe.
I. Viol. II.
Br.
W.
schwingt sich auf zum küh - nen Lauf, aus der Städ - te Gruft, zum Flug durch die
Z.
Was
Mo.
blie - ben die Mei - ster dann wert?
E.
blie - ben die Mei - ster dann wert? Was
S.
Um-sonst! All ei-tel Trachten! Kaum vernimmt man sein eig - nes Wort: des
B.
Da „fal-scher A-tem," hier „Ü-ber-fall!" Ganz un-ver-
P.
macht.
K. N.
was blie - ben die Mei - ster,
O.
blie - ben die Mei - ster dann wert? Was
F.
men, was blie - ben die Mei - ster,
Sch.
er - ste best will - kom - men, was
Vcl.
K.B.
Bog.
poco cresc.
cresc.

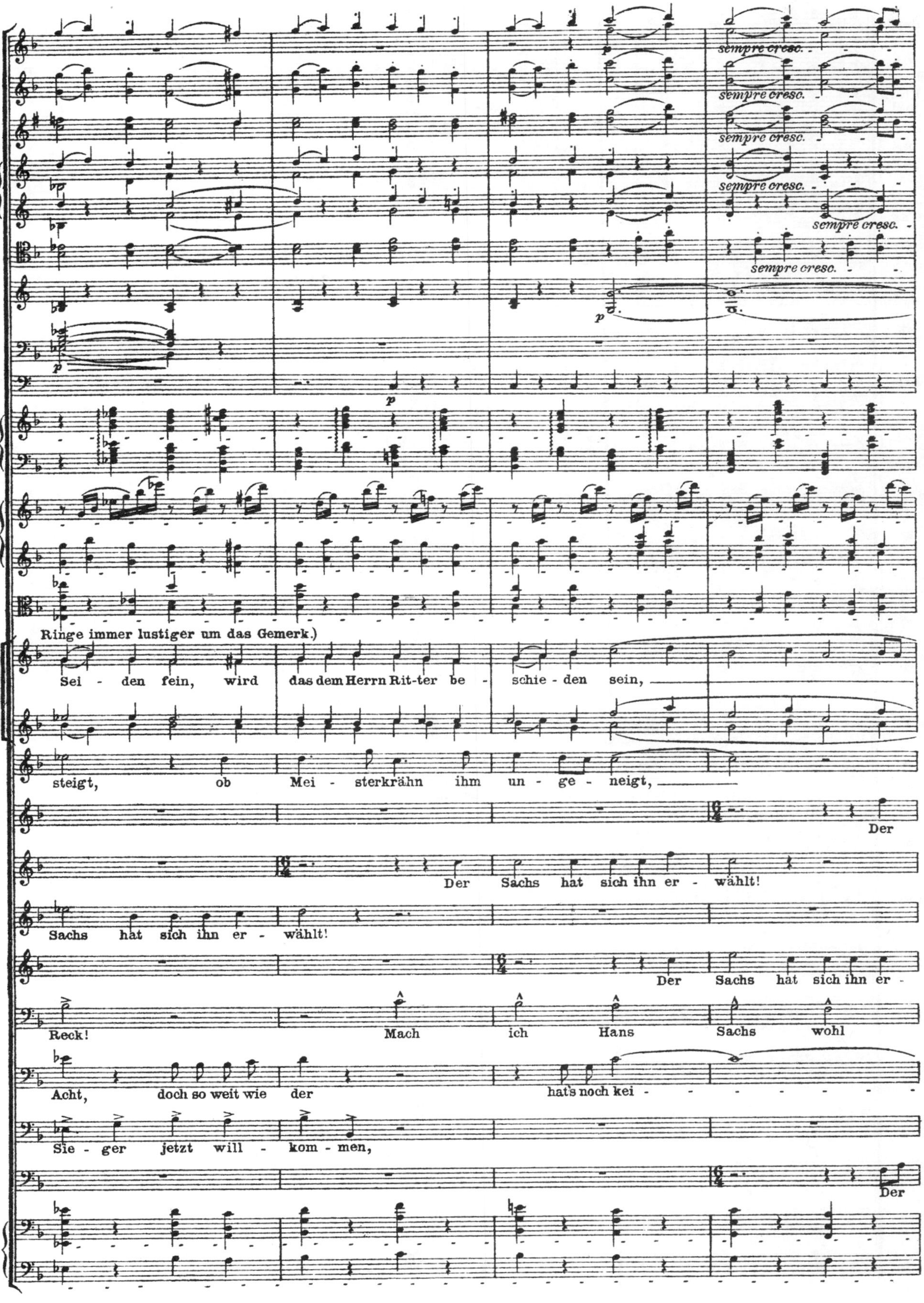
Gr. Fl.
Hob.
Klar. in B
Hr. in F
Fag.
Trp. in F
Pos. B.T.
Pk.
Hrfe.
I. Viol. II.
Br.
Lehrbuben und David.
W.
V.
Z.
Mo.
E.
S.
B.
P.
K.
Vcl.
K.B.
sempre cresc.
p
Ringe immer lustiger um das Gemerk.)
Sei - den fein, wird das dem Herrn Rit-ter be - schie - den sein,
steigt, ob Mei - sterkrähn ihm un - ge - neigt,
Der
Der Sachs hat sich ihn er - wählt!
Sachs hat sich ihn er - wählt!
Der Sachs hat sich ihn er -
Reck! Mach ich Hans Sachs wohl
Acht, doch so weit wie der hat's noch kei -
Sie - ger jetzt will - kom - men,
Der

255

257

Ende des ersten Aufzuges.

Zweiter Aufzug.

Lebhaft, doch nicht zu schnell.

260

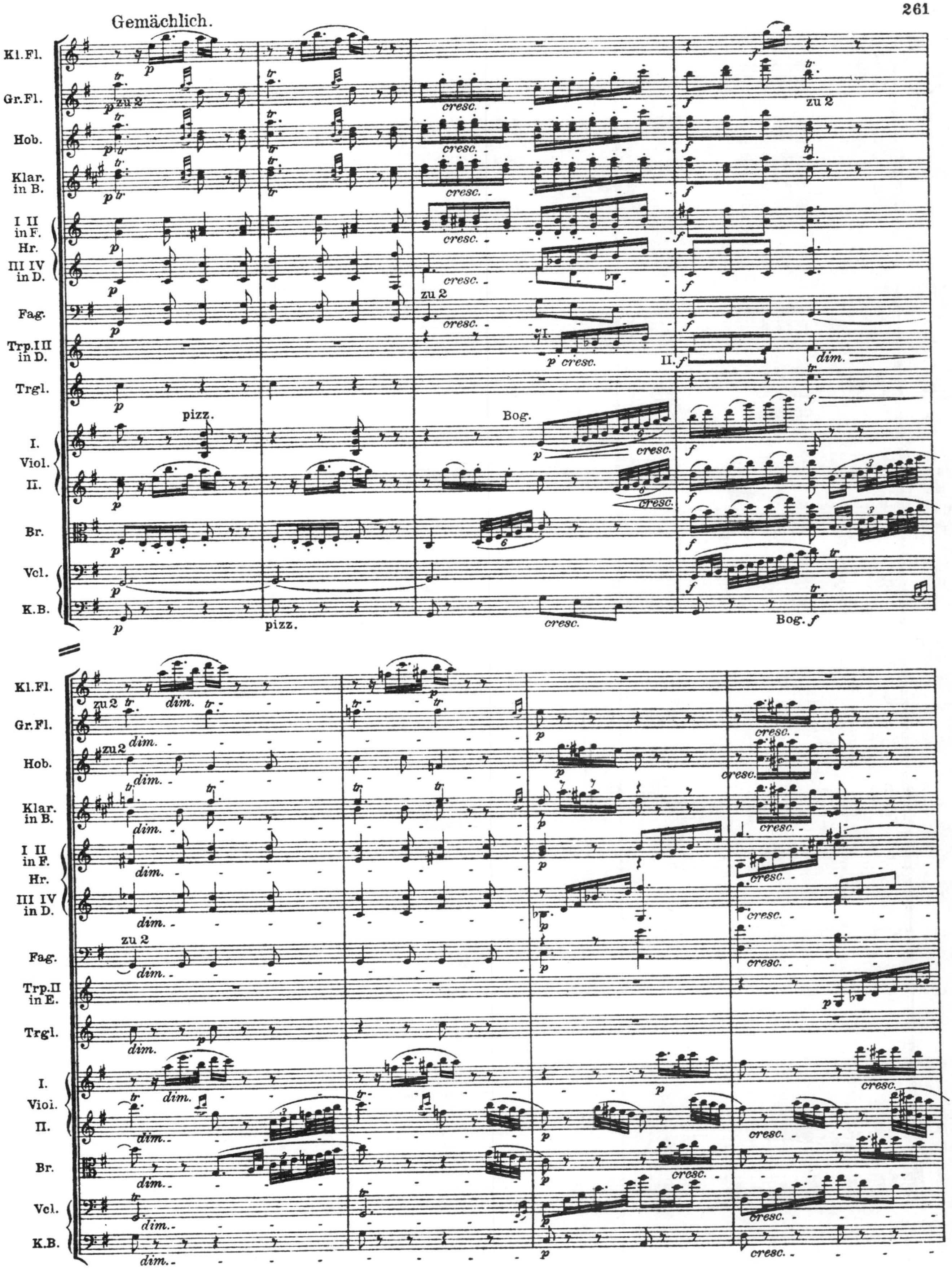
Gemächlich.
Kl. Fl.
Gr. Fl.
Hob.
Klar. in B.
I II in F. Hr. III IV in D.
Fag.
Trp. I II in D.
Trgl.
I. Viol. II.
Br.
Vcl.
K. B.
pizz.
Bog.
zu 2
cresc.
dim.
Trp. II in E.

264

*) Der Sinn dieser Vortragsbezeichnung ist, daß die Lehrbuben zuerst die Stimme der Magdalene nachahmen, beim Anschwellen aber den natürlichen groben Knabenton hervortreten lassen.

272

274

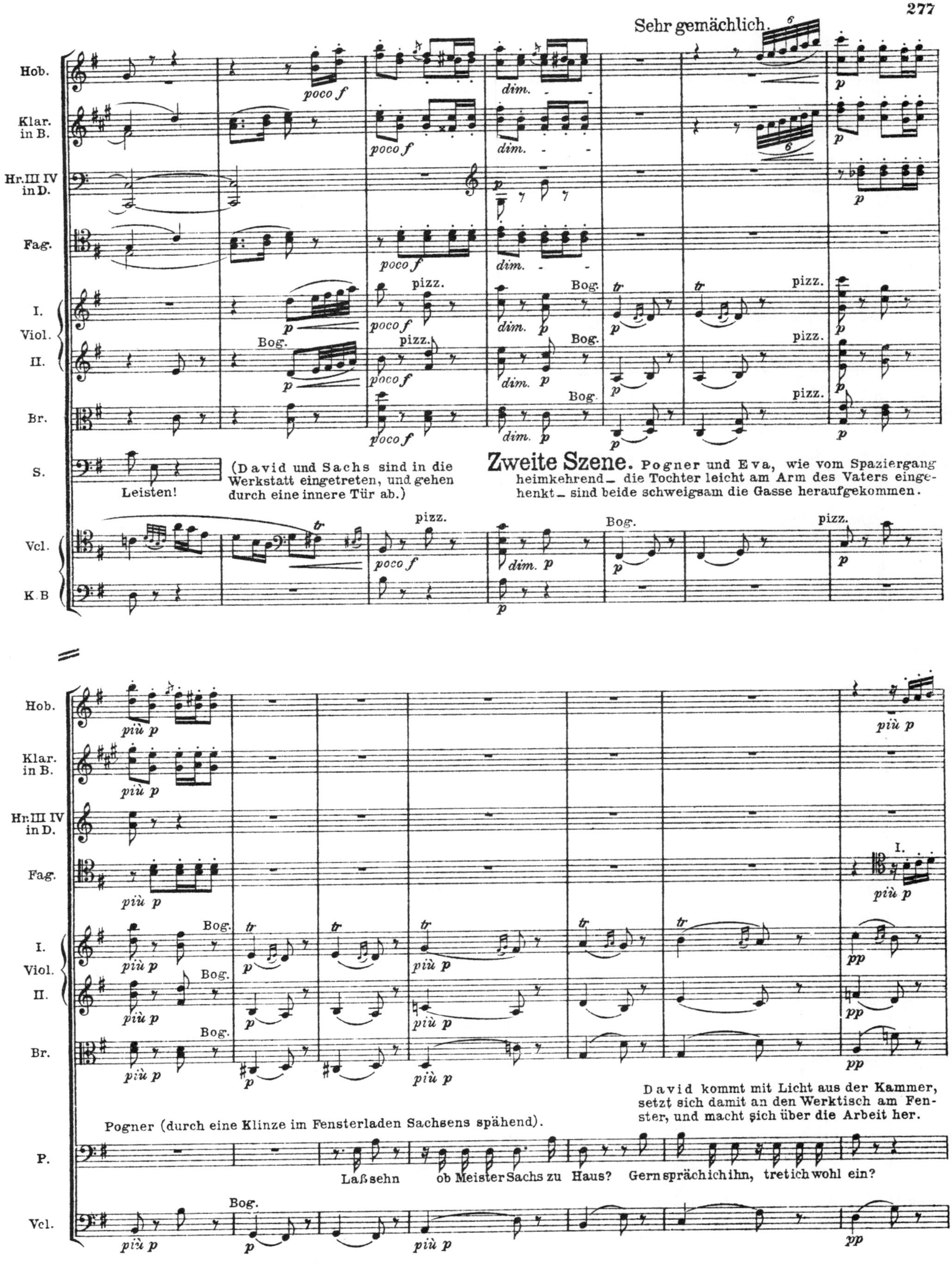
Sehr gemächlich.
Hob.
Klar. in B.
Hr. III IV in D.
Fag.
I. Viol. II.
Br.
S.
Vcl.
K. B
poco f
dim.
pizz.
Bog.
p
piu p
pp
Leisten!
(David und Sachs sind in die Werkstatt eingetreten, und gehen durch eine innere Tür ab.)
Zweite Szene. Pogner und Eva, wie vom Spaziergang heimkehrend_ die Tochter leicht am Arm des Vaters eingehenkt_ sind beide schweigsam die Gasse heraufgekommen.
Pogner (durch eine Klinze im Fensterladen Sachsens spähend).
David kommt mit Licht aus der Kammer, setzt sich damit an den Werktisch am Fenster, und macht sich über die Arbeit her.
P.
Laßsehn ob Meister Sachs zu Haus? Gernsprächichihn, tretich wohl ein?

280

282

294

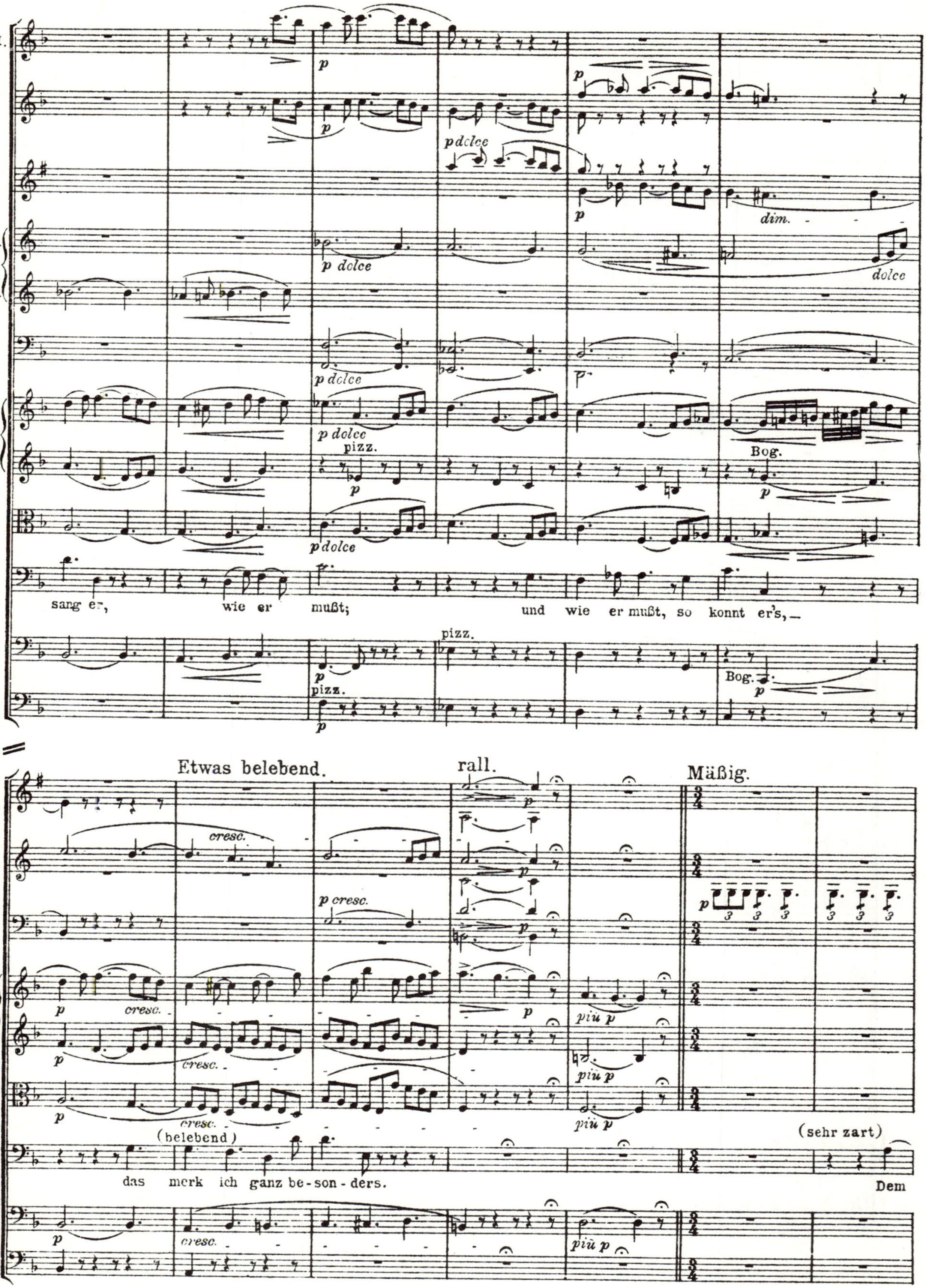
Gr.Fl.I.
Hob.
Klar. in B.
in F. I. Hr. in E. III.
Fag.
I. Viol. II.
Br.
S.
Vcl.
K. B.
p dolce
pizz.
Bog.
dim.
dolce
sang er, wie er mußt; und wie er mußt, so konnt er's, —
Etwas belebend.
rall.
Mäßig.
Klar. in B.
Hr. I. II. in F.
cresc.
p cresc.
più p
(belebend)
(sehr zart)
das merk ich ganz be-son-ders.
Dem

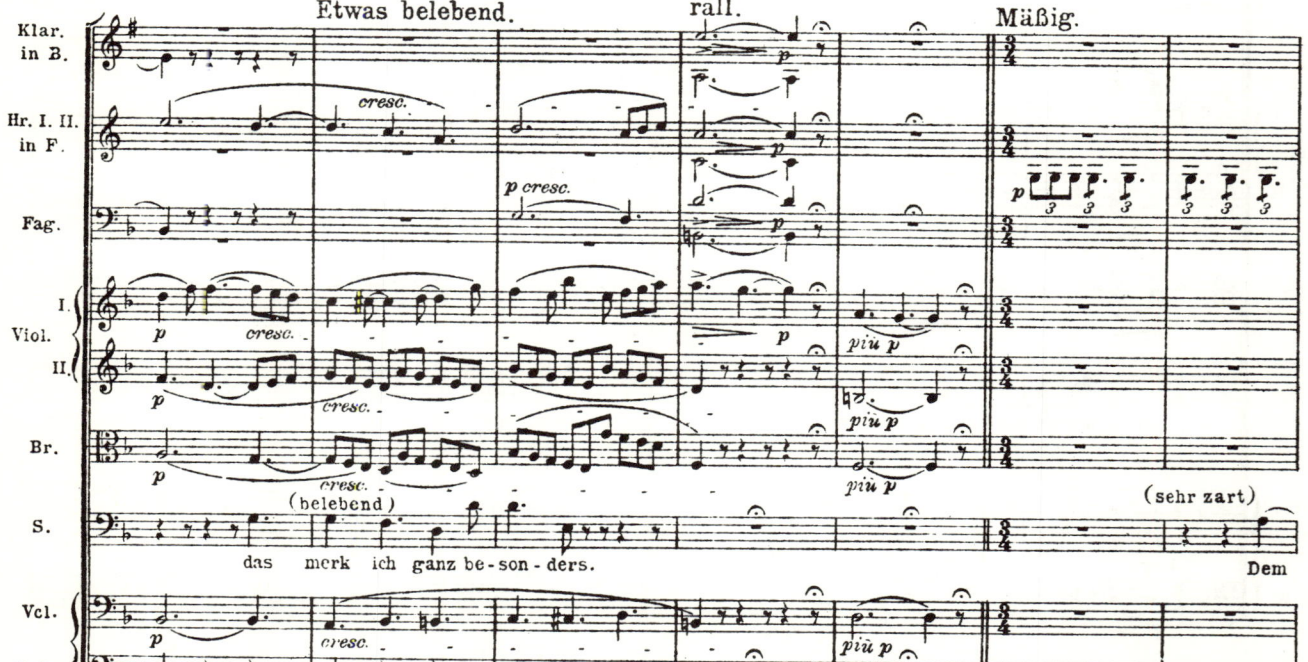

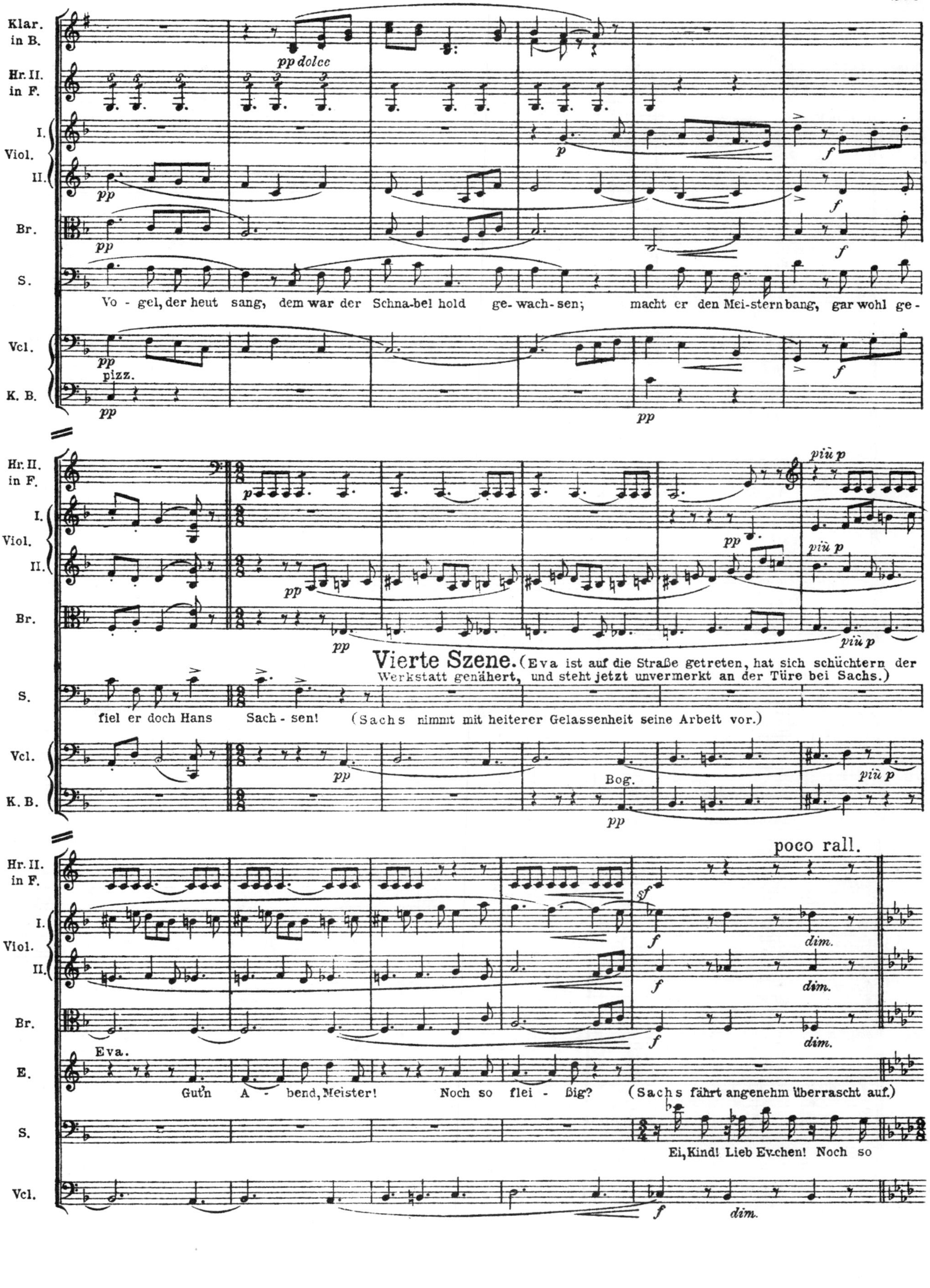
Klar. in B.
Hr. II. in F.
Viol. I. II.
Br.
S.
Vo - gel, der heut sang, dem war der Schna-bel hold ge-wach-sen; macht er den Mei-stern bang, gar wohl ge -
Vcl.
K. B.
pizz.
pp dolce
fiel er doch Hans Sach - sen!
Vierte Szene. (Eva ist auf die Straße getreten, hat sich schüchtern der Werkstatt genähert, und steht jetzt unvermerkt an der Türe bei Sachs.)
(Sachs nimmt mit heiterer Gelassenheit seine Arbeit vor.)
Bog.
più p
poco rall.
E.
Eva.
Gut'n A - bend, Meister! Noch so flei - ßig?
(Sachs fährt angenehm überrascht auf.)
Ei, Kind! Lieb Ev-chen! Noch so
dim.

300

310

314

318

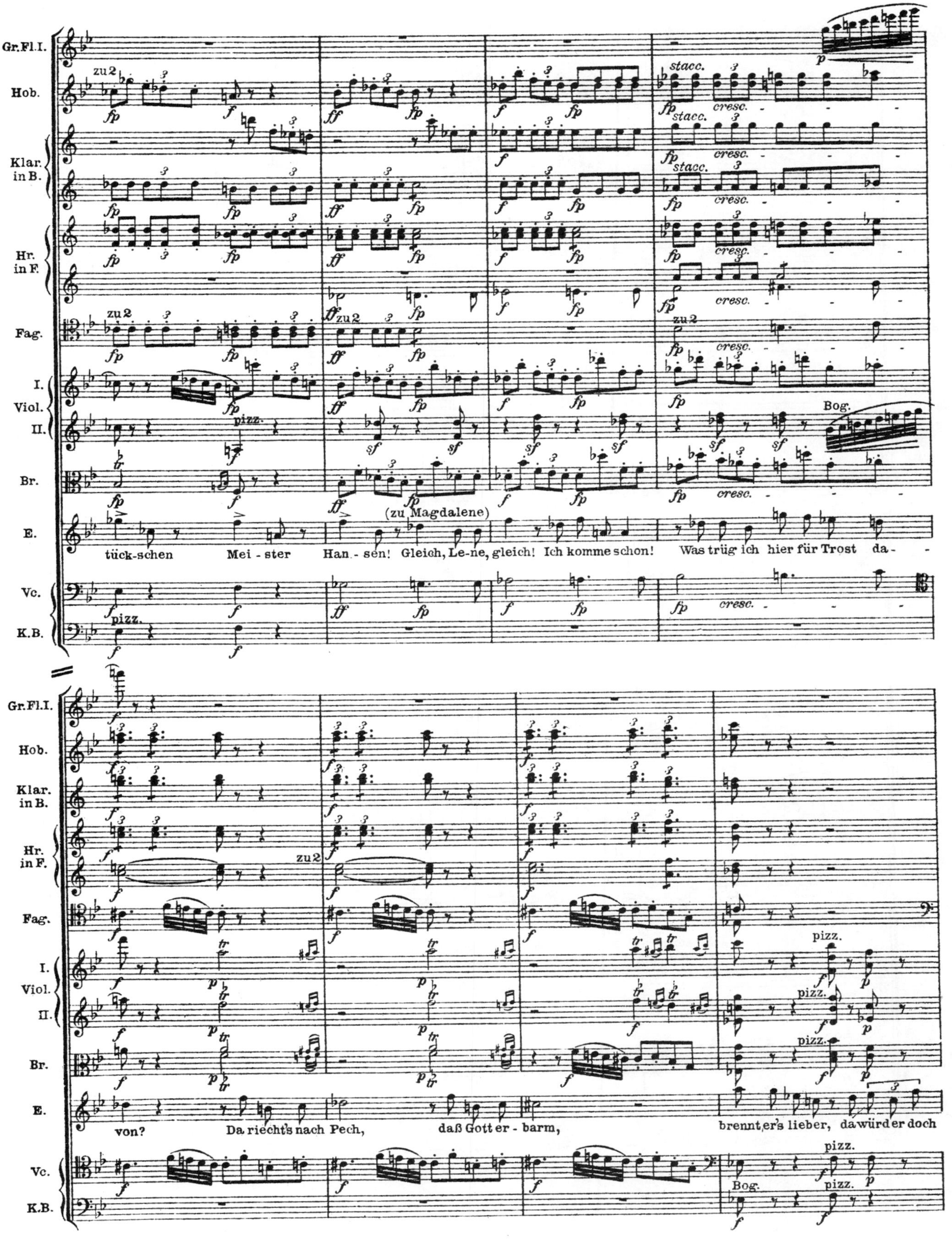
Gr. Fl. I.
Hob.
Klar. in B.
Hr. in F.
Fag.
I. Viol. II.
Br.
E.
Vc.
K.B.
zu 2
stacc.
cresc.
pizz.
Bog.
(zu Magdalene)
tück-schen Mei - ster Han - sen! Gleich, Le-ne, gleich! Ich komme schon! Was trüg ich hier für Trost da -
von? Da riecht's nach Pech, daß Gott er - barm, brennt er's lieber, da würd er doch

322

330

Fünfte Szene.
Ziemlich lebhaft.

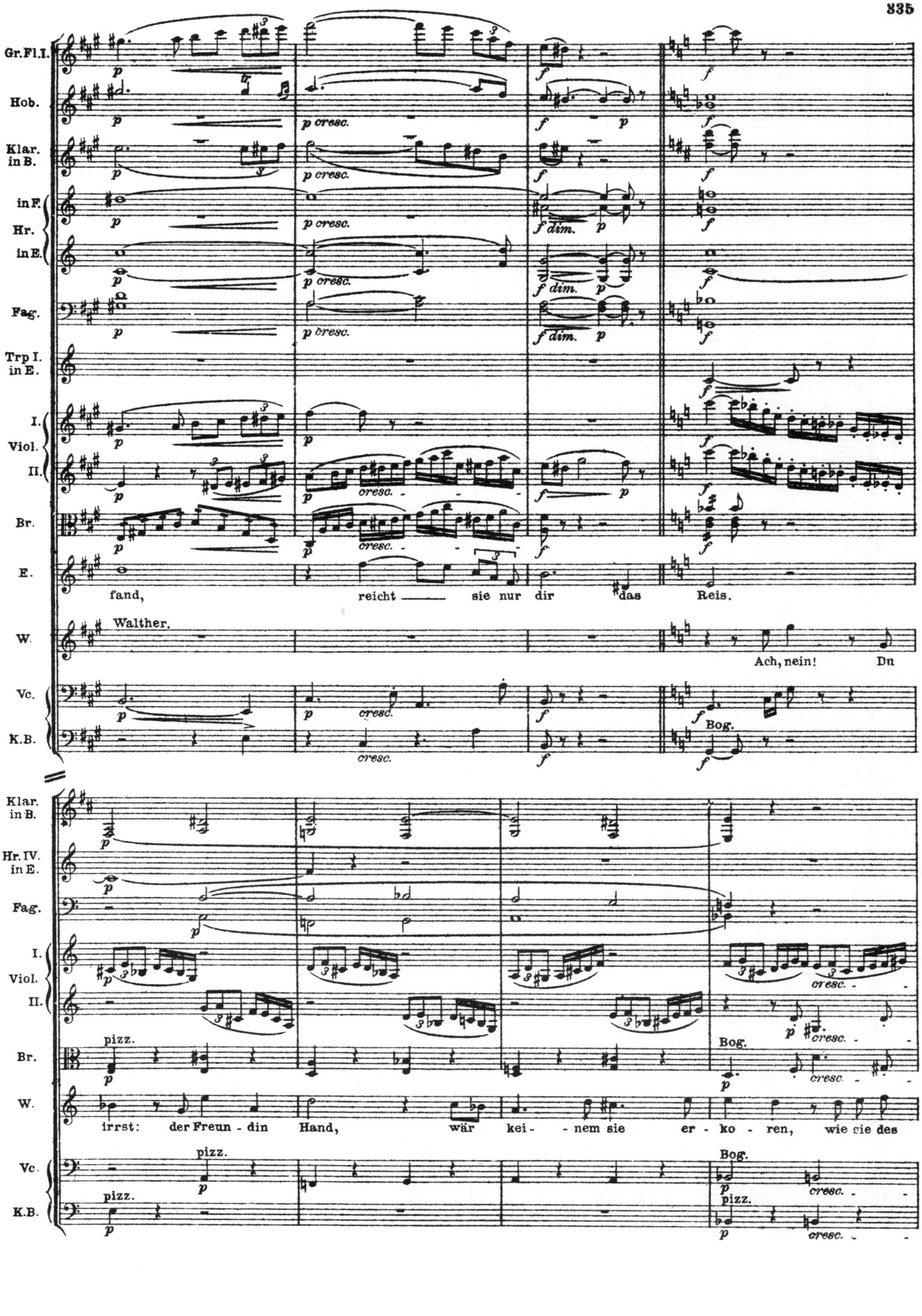
Gr.Fl.I.
Hob.
Klar. in B.
in F. Hr. in E.
Fag.
Trp I. in E.
I. Viol. II.
Br.
E.
fand, reicht sie nur dir das Reis.
Walther.
W.
Ach, nein! Du
Vc.
K.B.
Bog.
Klar. in B.
Hr. IV. in E.
Fag.
I. Viol. II.
pizz.
Br.
W.
irrst: der Freun - din Hand, wär kei - nem sie er - ko - ren, wie sie des
pizz.
Vc.
pizz.
K.B.
p cresc.
f dim.

340

341

344

350

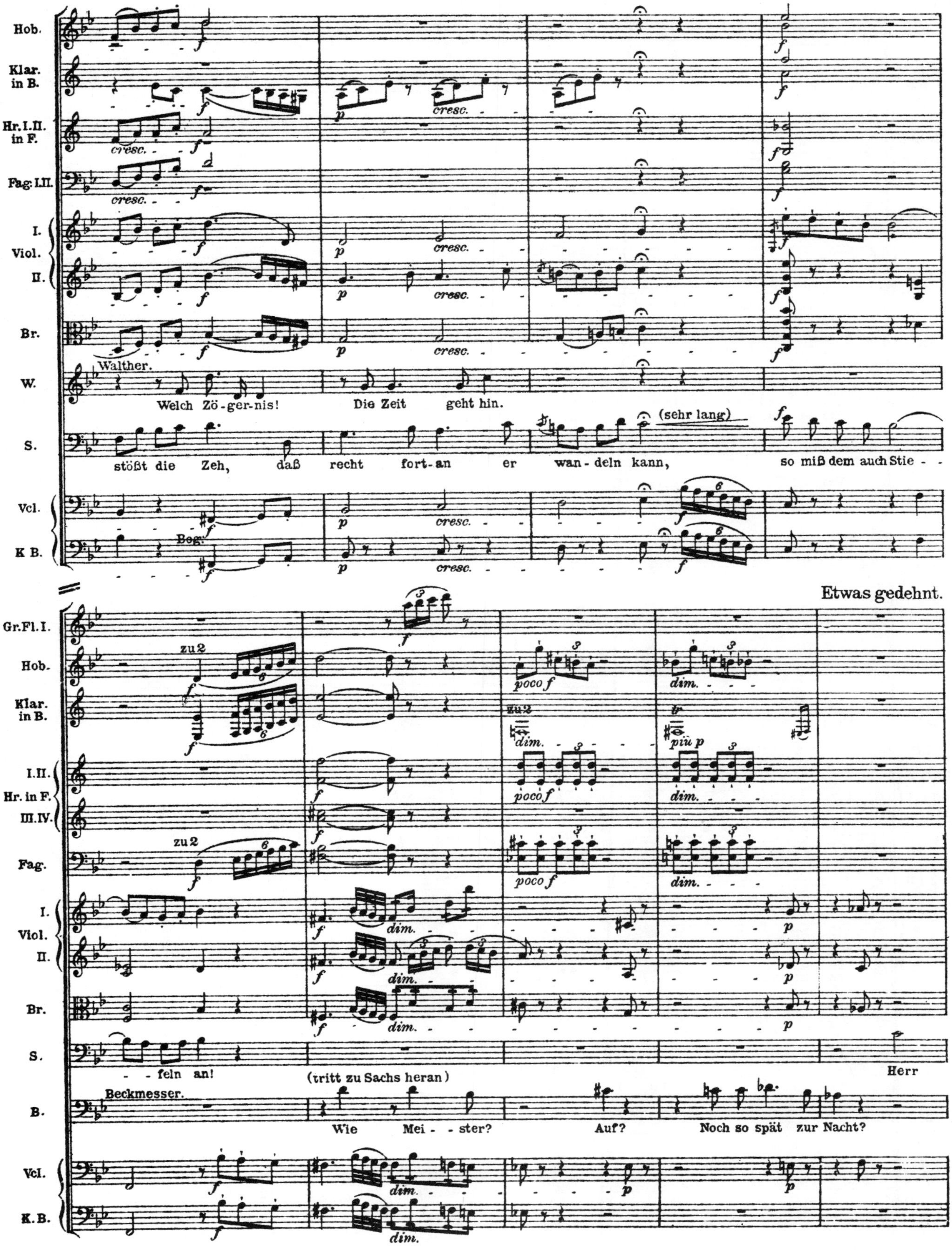
Hob.
Klar. in B.
Hr. I. II. in F.
Fag. I. II.
I. Viol. II.
Br.
W.
Walther.
Welch Zö-ger-nis! Die Zeit geht hin.
S.
stößt die Zeh, daß recht fort-an er wan-deln kann, so miß dem auch Stie-
(sehr lang)
Vcl.
K B.
Bog.
cresc.
Etwas gedehnt.
Gr. Fl. I.
zu 2
I. II. Hr. in F. III. IV.
Fag.
-feln an!
Herr
Beckmesser.
B.
(tritt zu Sachs heran)
Wie Mei-ster? Auf? Noch so spät zur Nacht?
poco f
dim.
più p

366

368

378

382

384

388

396

400

401

402

412

414

417

Siebente Szene.

430

440

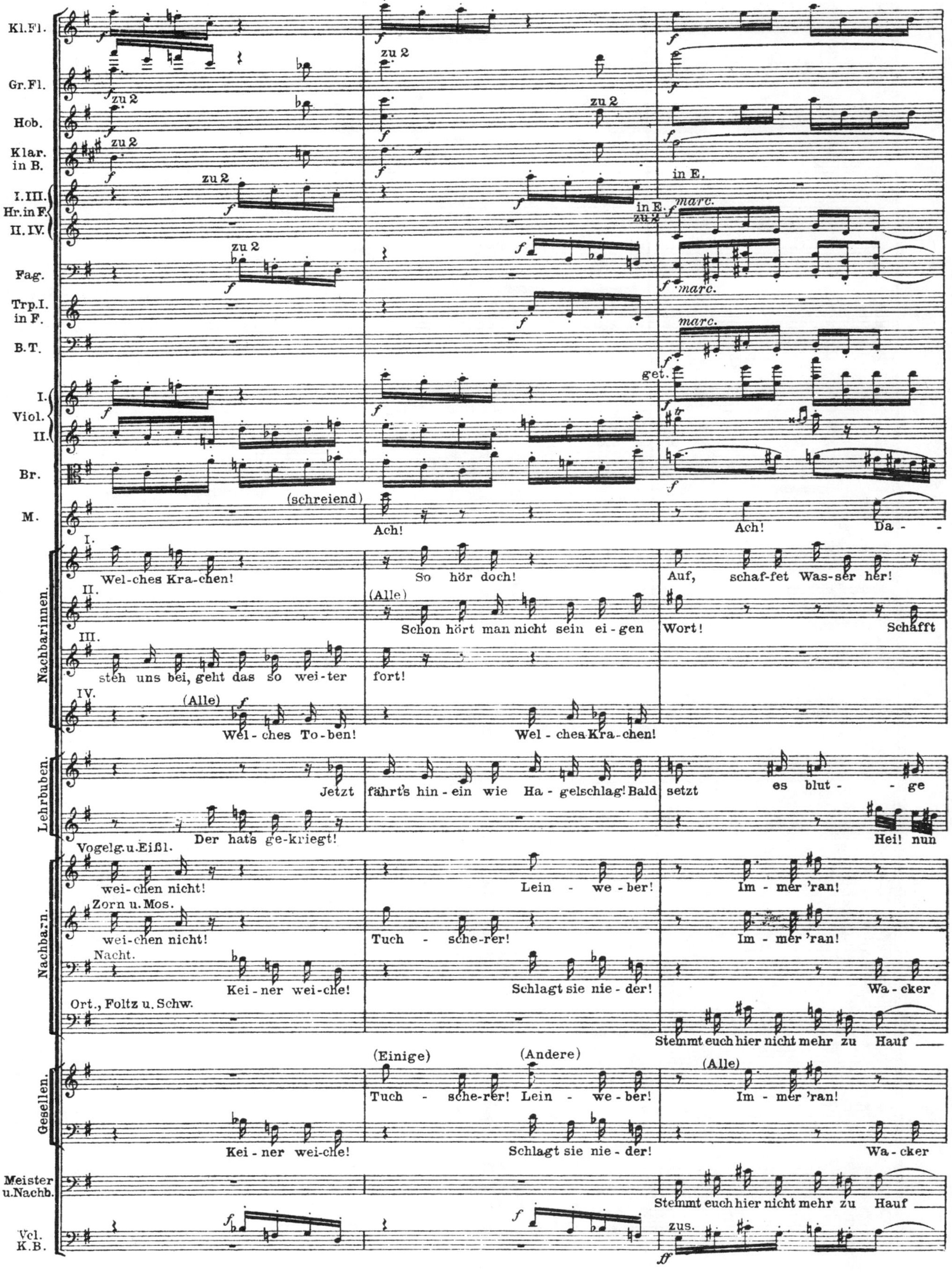

Kl.Fl.
Gr.Fl.
Hob.
Klar. in B.
I.III. Hr.in F. II.IV.
Fag.
Trp.I. in F.
B.T.
I. Viol. II.
Br.
M.
Nachbarinnen.
Lehrbuben.
Nachbarn.
Gesellen.
Meister u.Nachb.
Vcl. K.B.
zu 2
in E.
marc.
get.
zus.
(schreiend)
Ach! Ach! Da-
I. Wel-ches Kra-chen! So hör doch! Auf, schaf-fet Was-ser her!
II. (Alle) Schon hört man nicht sein ei-gen Wort! Schafft
III. steh uns bei, geht das so wei-ter fort!
IV. (Alle) Wel-ches To-ben! Wel-ches Kra-chen!
Jetzt fährt's hin-ein wie Ha-gelschlag! Bald setzt es blut-ge
Der hat's ge-kriegt! Hei! nun
Vogelg. u. Eißl. wei-chen nicht! Lein-we-ber! Im-mer 'ran!
Zorn u. Mos. wei-chen nicht! Tuch-sche-rer! Im-mer 'ran!
Nacht. Kei-ner wei-che! Schlagt sie nie-der! Wa-cker
Ort., Foltz u. Schw. Stemmt euch hier nicht mehr zu Hauf
(Einige) Tuch-sche-rer! (Andere) Lein-we-ber! (Alle) Im-mer 'ran!
Kei-ner wei-che! Schlagt sie nie-der! Wa-cker
Stemmt euch hier nicht mehr zu Hauf

450

*) Sogleich mit dem Eintritte des Nachtwächterhornes (3/4 Takt) haben die Frauen aus allen Fenstern starke Güsse von Wasser aus Kannen, Krügen und Becken auf die Streitenden hinabstürzen zu lassen; dieses, mit dem besonders starken Tönen des Hornes zugleich, wirkt auf alle mit einem panischen Schrecken. Nachbarn, Lehrbuben, Gesellen und Meister suchen in eiliger Flucht nach allen Seiten hin das Weite, so daß die Bühne sehr bald gänzlich leer wird; die Haustüren werden hastig geschlossen; auch die Nachbarinnen verschwinden vor den Fenstern, welche sie zuschlagen.

456

von David befreit, sucht sich, jämmerlich zerschlagen, eilig durch die Menge zu flüchten.)

458

(Als hier der Nachtwächter um die Ecke biegt, fällt der Vorhang schnell, genau mit dem letzten Takte.)

Ende des zweiten Aufzuges.

Dritter Aufzug.
Vorspiel.

462

Etwas zögernd.

464

Erste Szene.

(In Sachsens Werkstatt. (Kurzer Raum.) Im Hintergrunde die halbgeöffnete Ladentür, nach der Straße führend. Rechts zur Seite eine Kammertür. Links das nach der Gasse gehende Fenster, mit Blumenstöcken davor, zur Seite ein Werktisch. Sachs sitzt auf einem großen Lehnstuhl an diesem Fenster, durch welches die Morgensonne hell auf ihn hereinscheint; er hat vor sich auf dem Schoße einen großen Folianten, und ist im Lesen vertieft.)

(David zeigt sich, von der Straße kommend, unter der Ladentüre; er lugt herein, und da er Sachs gewahrt, fährt er zurück.)

(Er versichert sich aber, daß Sachs ihn nicht bemerkt, schlüpft herein, stellt seinen mitgebrachten Handkorb auf den hinteren Werktisch beim Laden und untersucht seinen Inhalt; er holt Blumen und Bänder hervor, kramt sie auf dem Tische aus, und findet endlich auf dem Grunde eine Wurst und einen Kuchen; er läßt sich an, diese zu verzehren, als S a c h s, der ihn fortwährend nicht beachtet, mit starkem Geräusch eines der großen Blätter des Folianten umwendet.)

D a v i d (fährt zusammen, verbirgt das Essen, und wendet sich zurück).

Gleich, Meister! hier!

Die Schuh sind ab-ge-ge-ben in

474

476

478

480

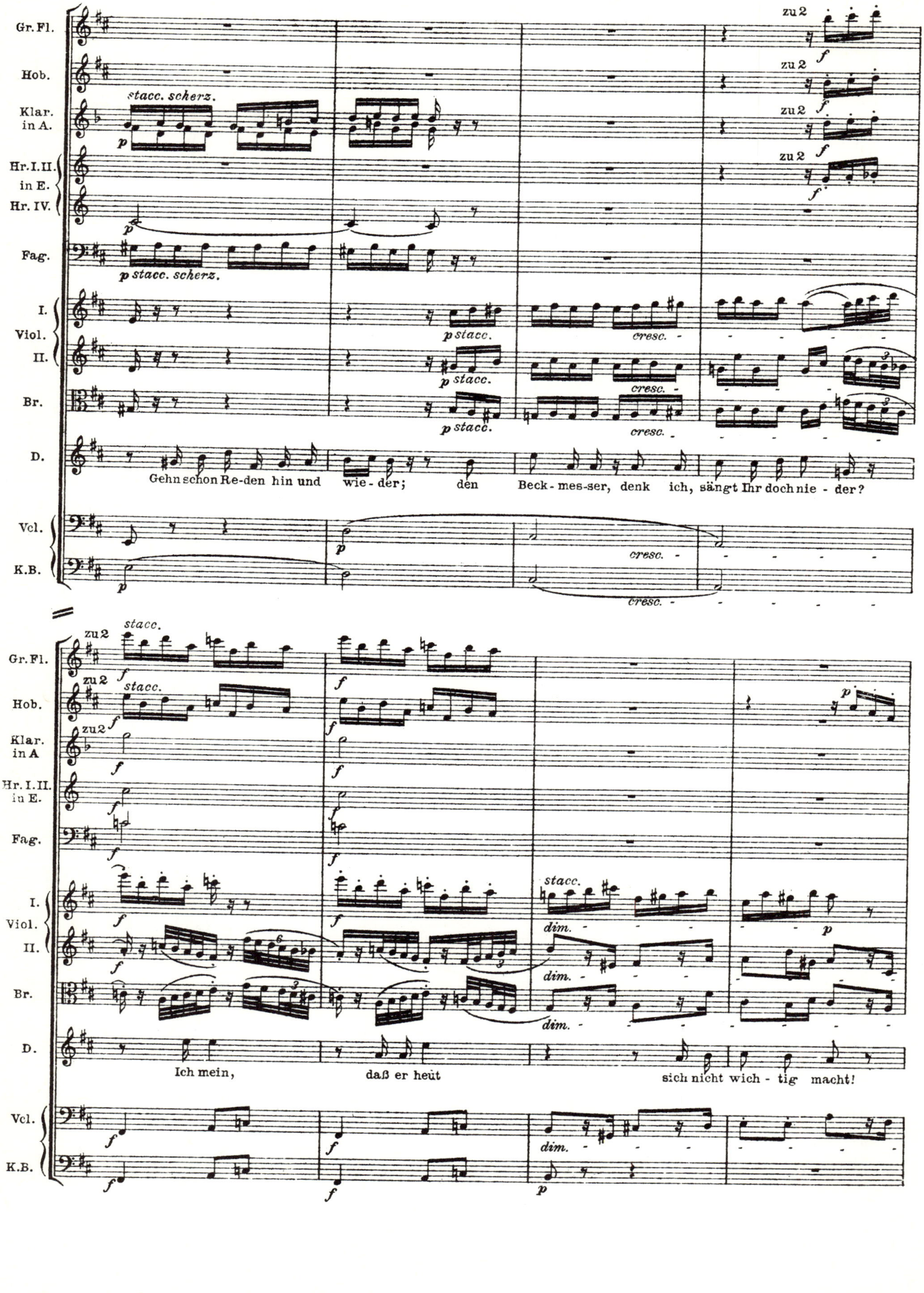
Gr. Fl.
Hob.
Klar. in A.
Hr. I. II. in E.
Hr. IV.
Fag.
Viol. I.
Viol. II.
Br.
D.
Vcl.
K.B.
zu 2
stacc. scherz.
p stacc. scherz.
p stacc.
cresc.
Gehn schon Re-den hin und wie-der; den Beck-mes-ser, denk ich, sängt Ihr doch nie-der?
stacc.
dim.
Ich mein, daß er heut sich nicht wich-tig macht!

*) Wenn diese Stelle nicht von einem vorzüglichen Posaunisten sehr zart und gebunden vorgetragen werden kann, möge sie lieber von einem Hornisten geblasen werden.

488

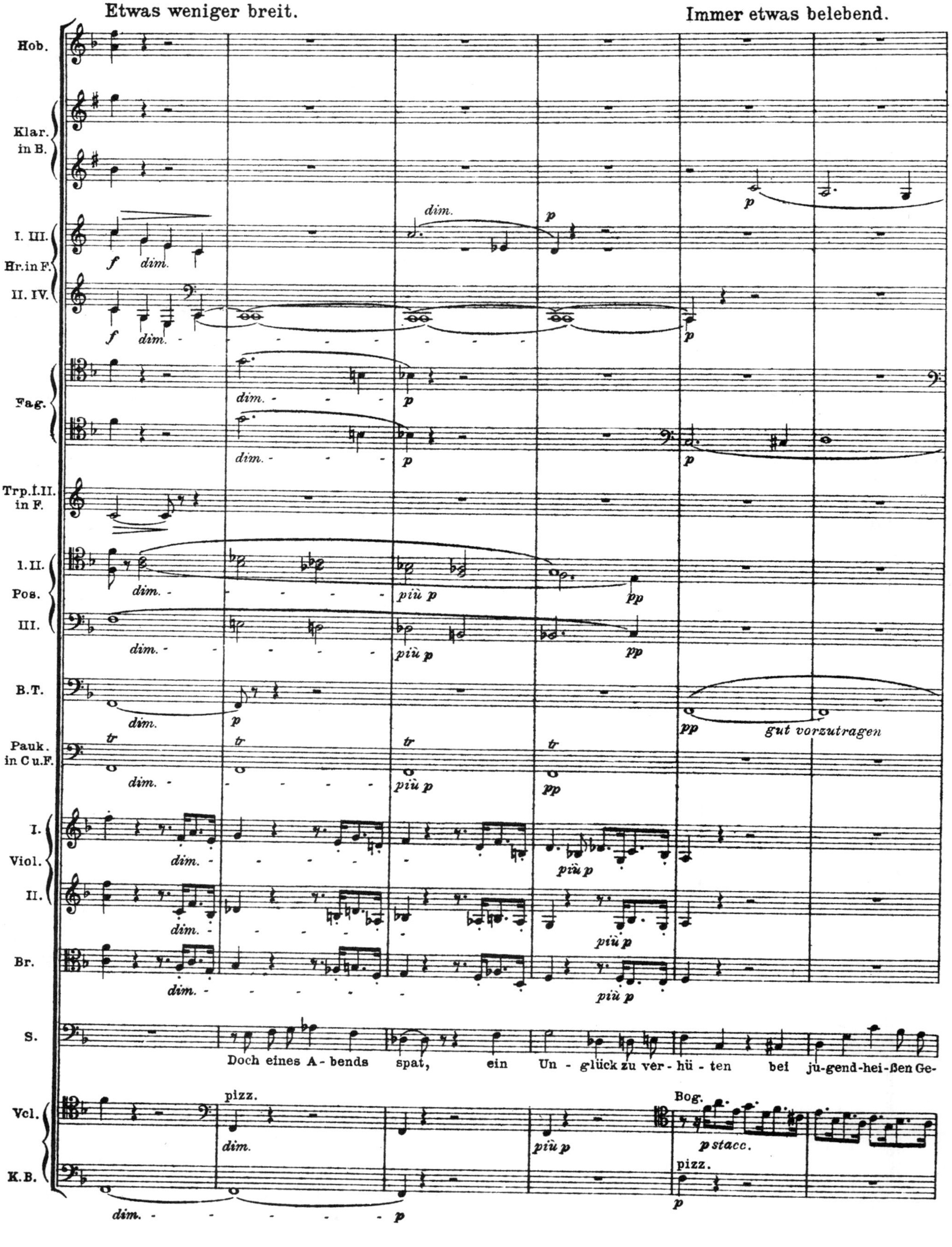
Etwas weniger breit.
Immer etwas belebend.
Hob.
Klar. in B.
I. III. Hr. in F. II. IV.
Fag.
Trp. I. II. in F.
I. II. Pos. III.
B. T.
Pauk. in C u. F.
I. Viol. II.
Br.
S.
Vcl.
K. B.
dim.
più p
pp
gut vorzutragen
pizz.
Bog.
p stacc.
Doch eines Abends spat, ein Unglück zu verhüten bei jugend-heißen Ge-

491

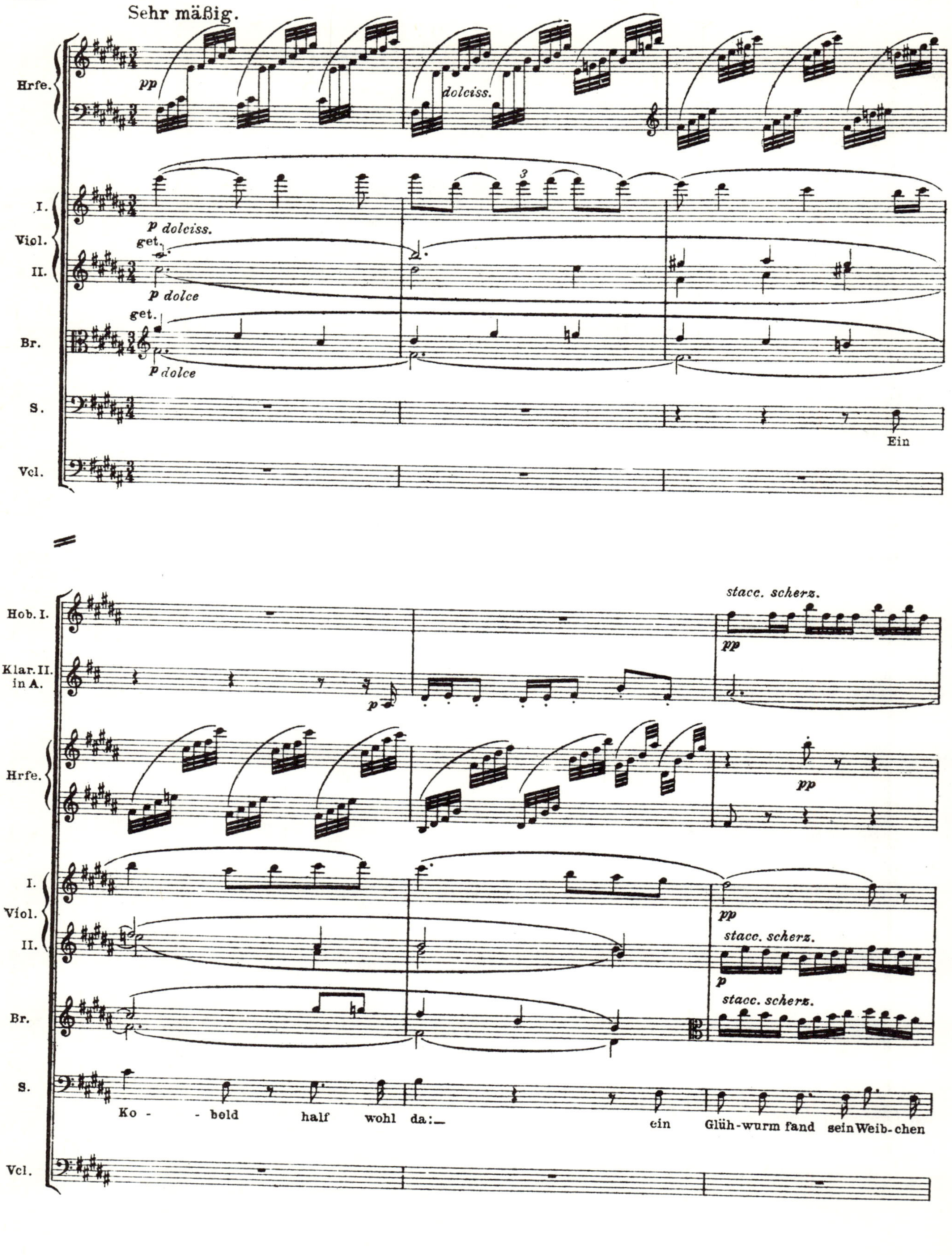
Sehr mäßig.
Hrfe.
pp
dolciss.
I.
Viol.
II.
p dolciss.
get.
p dolce
Br.
S.
Ein
Vcl.
Hob. I.
Klar. II. in A.
stacc. scherz.
pp
p
Ko - bold half wohl da: ein Glüh-wurm fand sein Weib-chen

498

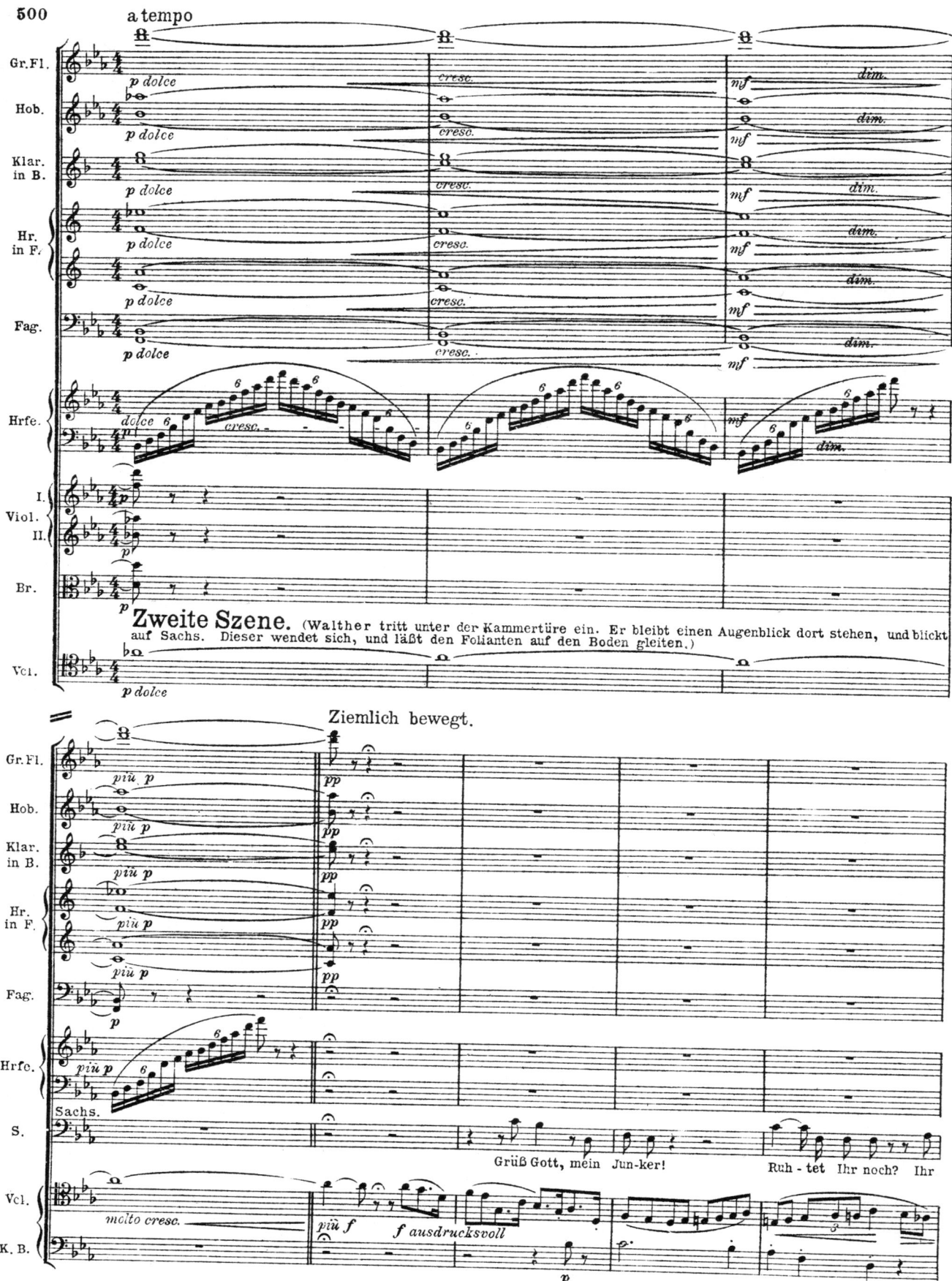

Zweite Szene. (Walther tritt unter der Kammertüre ein. Er bleibt einen Augenblick dort stehen, und blickt auf Sachs. Dieser wendet sich, und läßt den Folianten auf den Boden gleiten.)

Grüß Gott, mein Junker! Ruhtet Ihr noch? Ihr

506

508

516

517

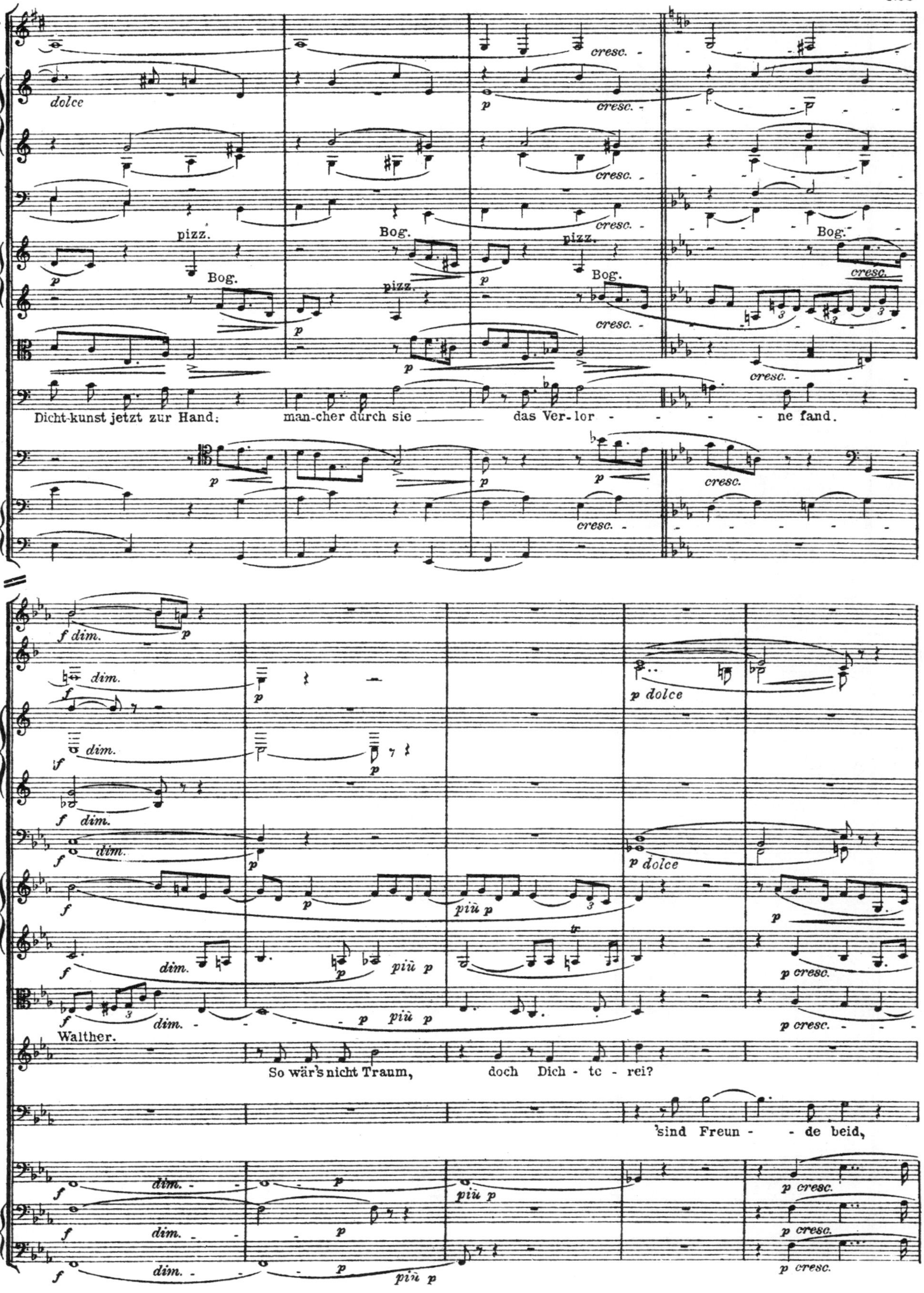
Klar. II. in B.
Hr. in F.
Fag.
I. Viol. II.
Br.
S.
Vcl.
I. K.B. II.
dolce
cresc.
pizz.
Bog.
Dicht-kunst jetzt zur Hand; man-cher durch sie das Ver-lor - - - - - ne fand.
Hob.
Klar. in B.
f dim.
p dolce
più p
p cresc.
Walther.
W.
So wär's nicht Traum, doch Dich - te - rei?
'sind Freun - de beid,

*) Die beiden Fermaten müssen von besonders langer Dauer sein, um nach dem schnelleren Anschwellen ein sehr allmähliches Abnehmen ausführen zu lassen.

526

530

532

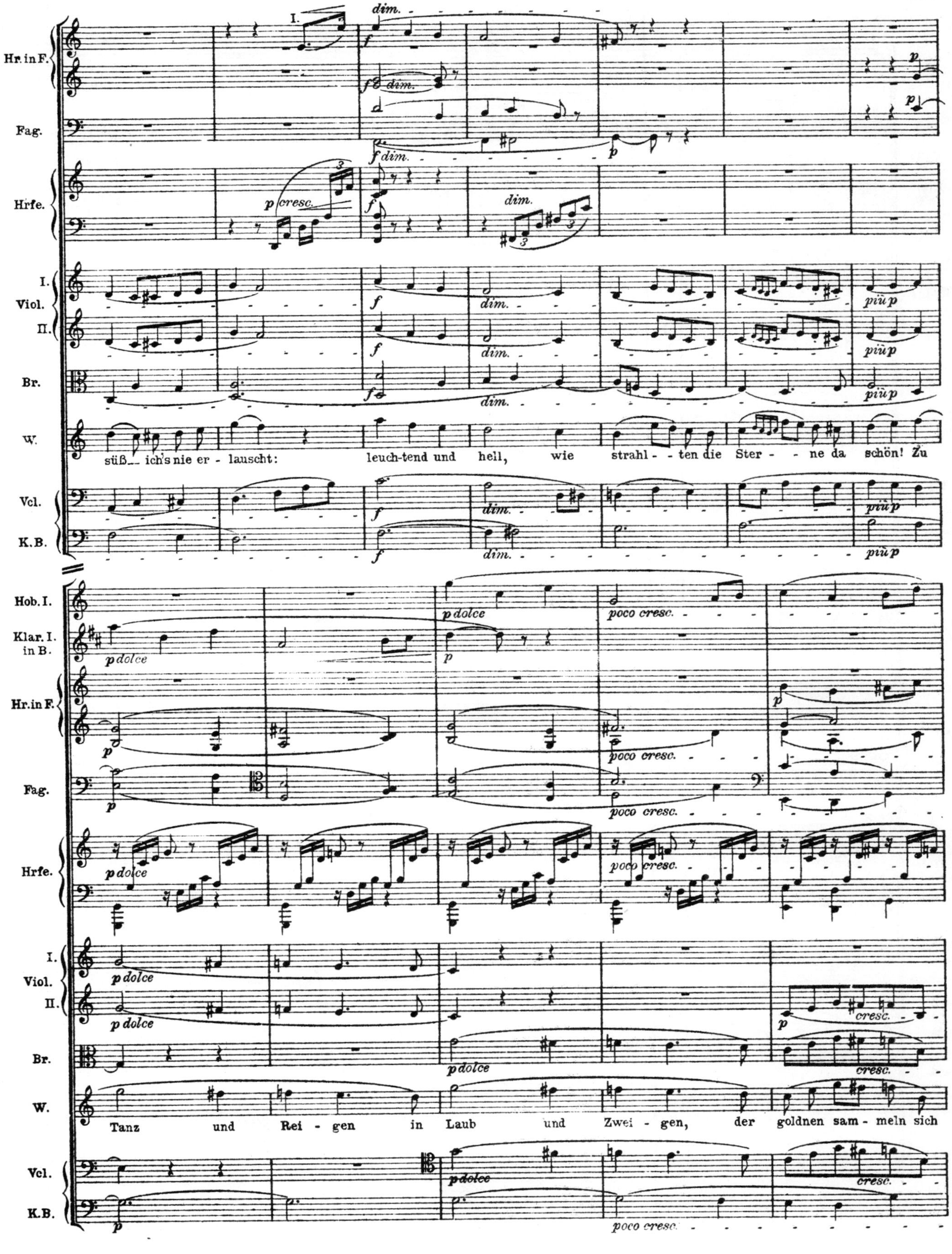
Hr. in F.
Fag.
Hrfe.
I. Viol. II.
Br.
W.
süß ich's nie er - lauscht: leuch-tend und hell, wie strahl - ten die Ster - ne da schön! Zu
Vcl.
K.B.
Hob. I.
Klar. I. in B.
Hr. in F.
Fag.
Hrfe.
I. Viol. II.
Br.
W.
Tanz und Rei - gen in Laub und Zwei - gen, der goldnen sam - meln sich
Vcl.
K.B.

542

546

554

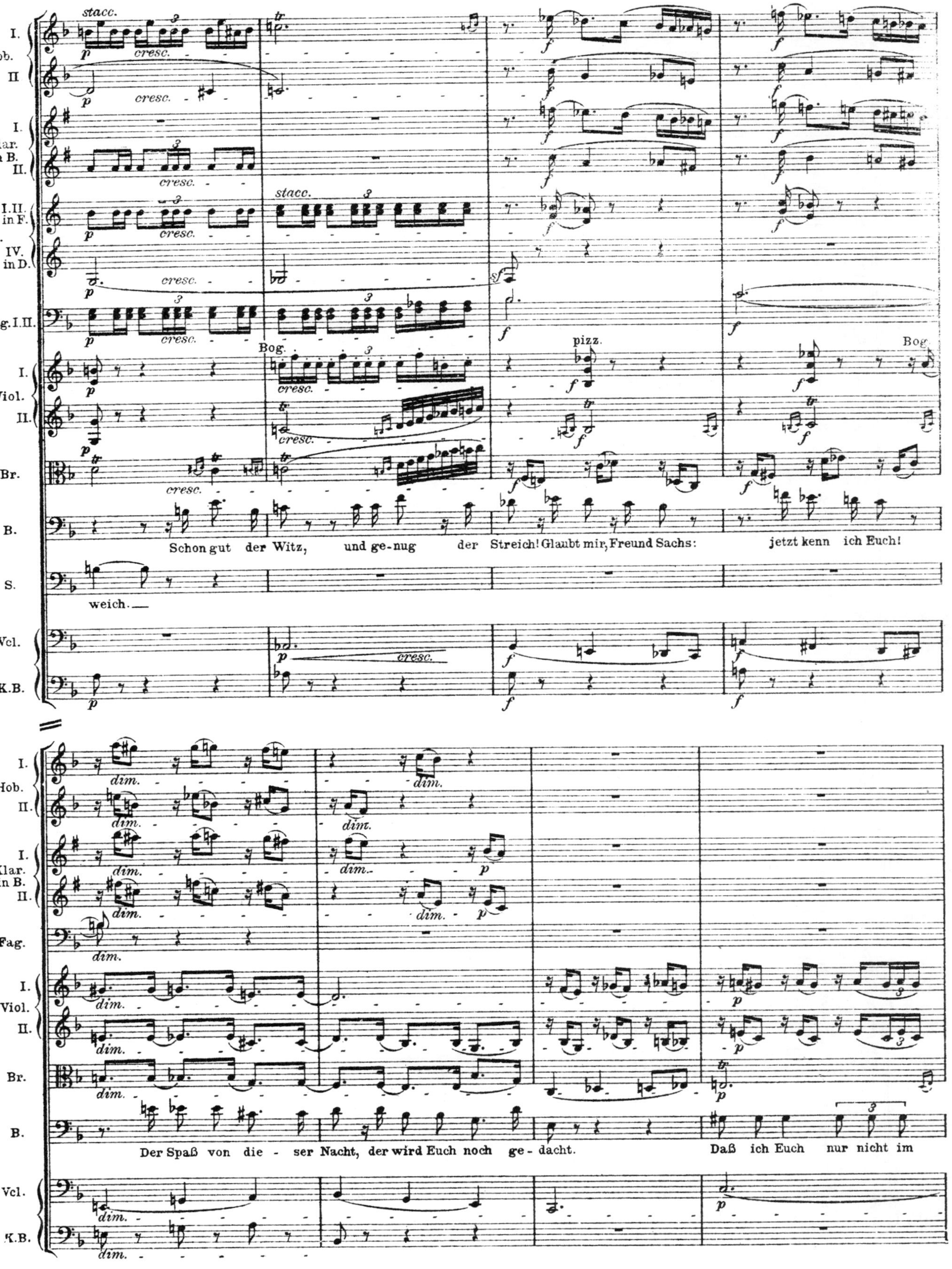

Hob. I. II
Klar. in B. I. II.
Hr. I.II. in F. IV. in D.
Fag. I.II.
Viol. I. II.
Br.
B.
S.
Vcl.
K.B.
stacc.
cresc.
Bog.
pizz.
Schon gut der Witz, und ge-nug der Streich! Glaubt mir, Freund Sachs: jetzt kenn ich Euch!
weich
Fag.
dim.
Der Spaß von die - ser Nacht, der wird Euch noch ge - dacht.
Daß ich Euch nur nicht im

560

564

566

570

572

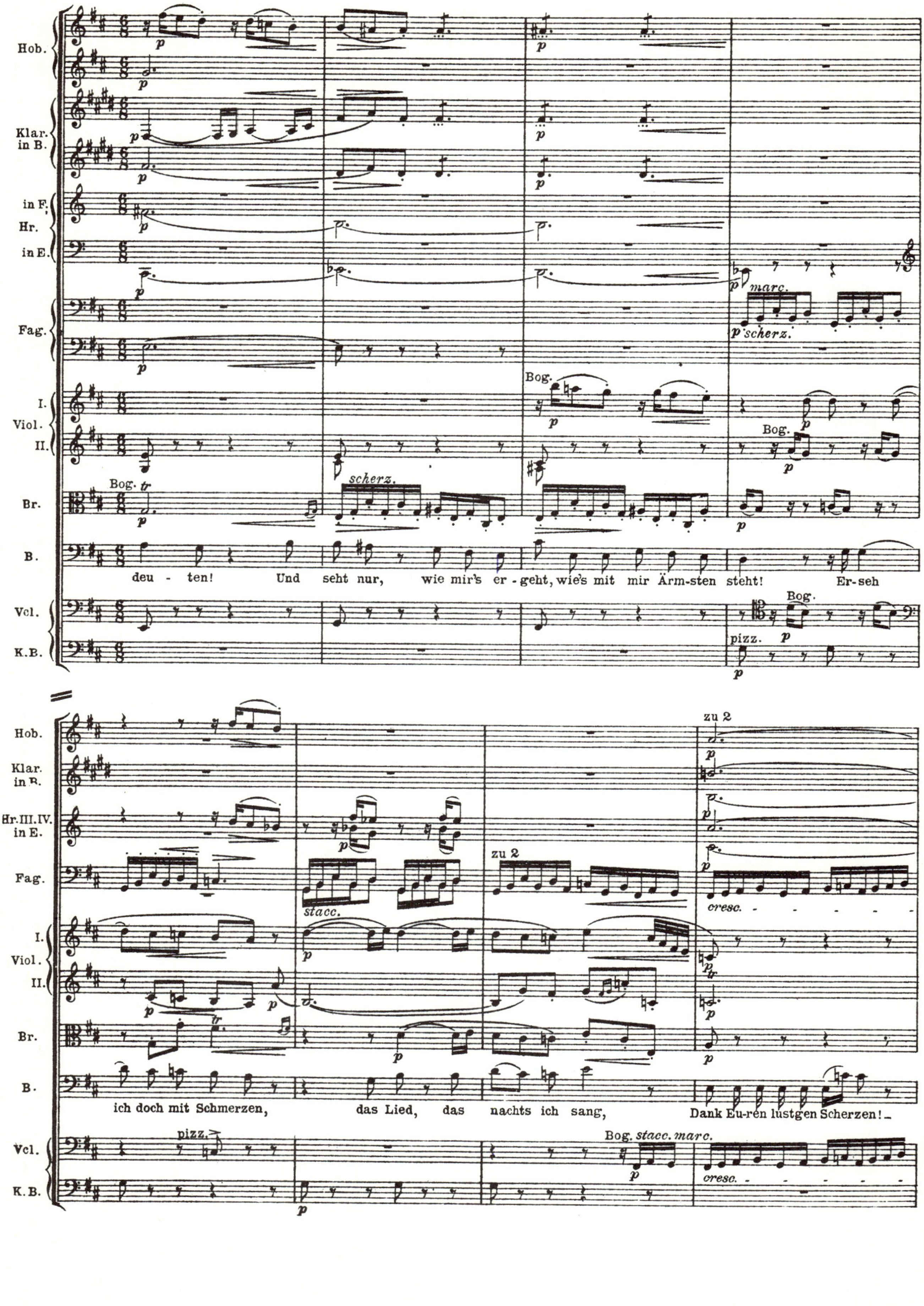
Hob.
Klar. in B.
in F. Hr. in E.
Fag.
I. Viol. II.
Br.
B.
Vcl.
K.B.
Bog.
scherz.
marc.
pizz.
deu - ten! Und seht nur, wie mir's er - geht, wie's mit mir Ärm-sten steht! Er-seh
Hr. III. IV. in E.
zu 2
stacc.
cresc.
stacc. marc.
ich doch mit Schmerzen, das Lied, das nachts ich sang, Dank Eu-ren lust'gen Scherzen! –

578

580

586

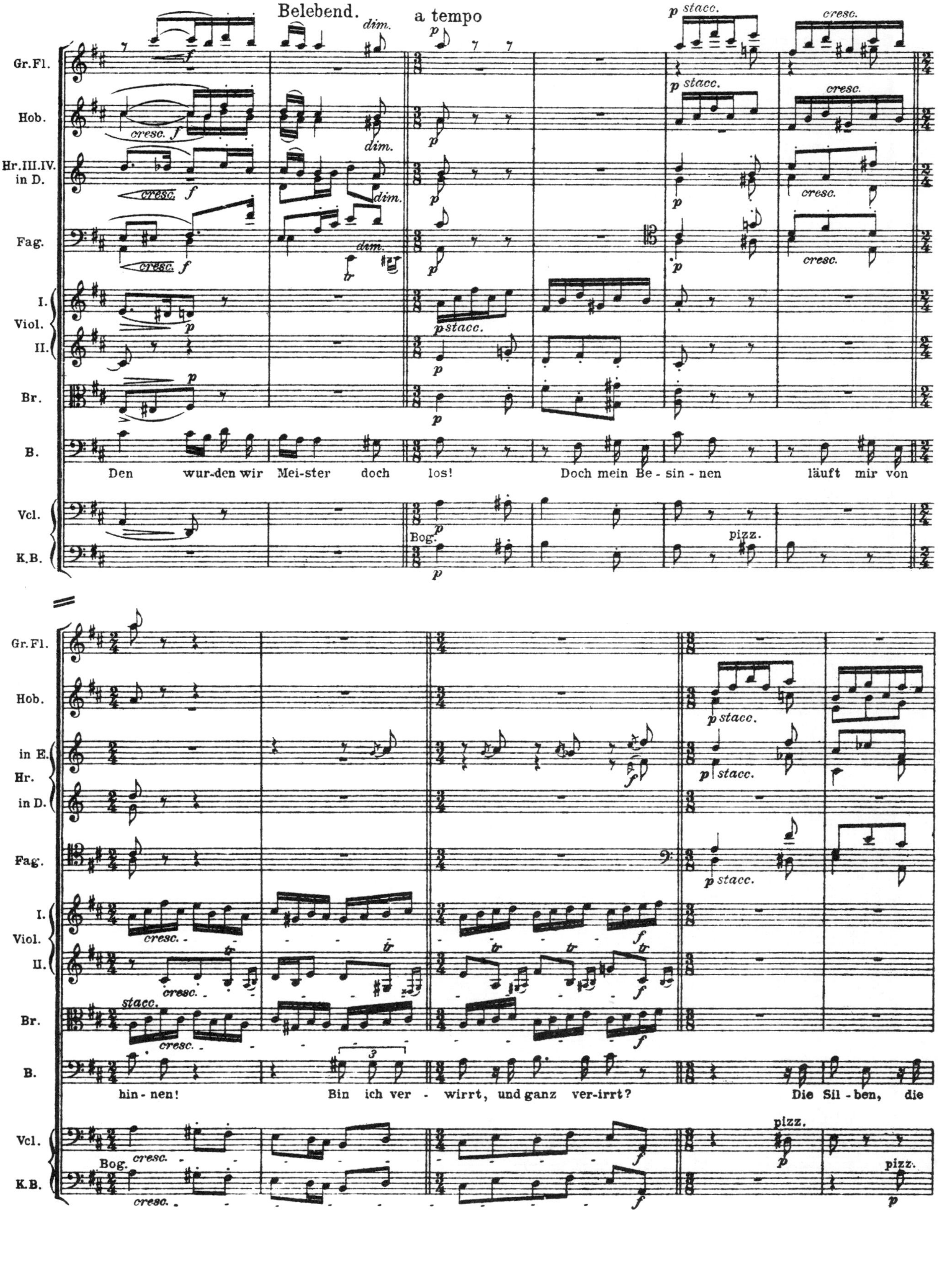
Belebend.
a tempo
Gr. Fl.
Hob.
Hr. III. IV. in D.
Fag.
I. Viol. II.
Br.
B.
Vcl.
K.B.
dim.
cresc.
p stacc.
Bog.
pizz.
Den wur-den wir Mei-ster doch los! Doch mein Be-sin-nen läuft mir von
in E. Hr. in D.
hin-nen! Bin ich ver-wirrt, und ganz ver-irrt? Die Sil-ben, die

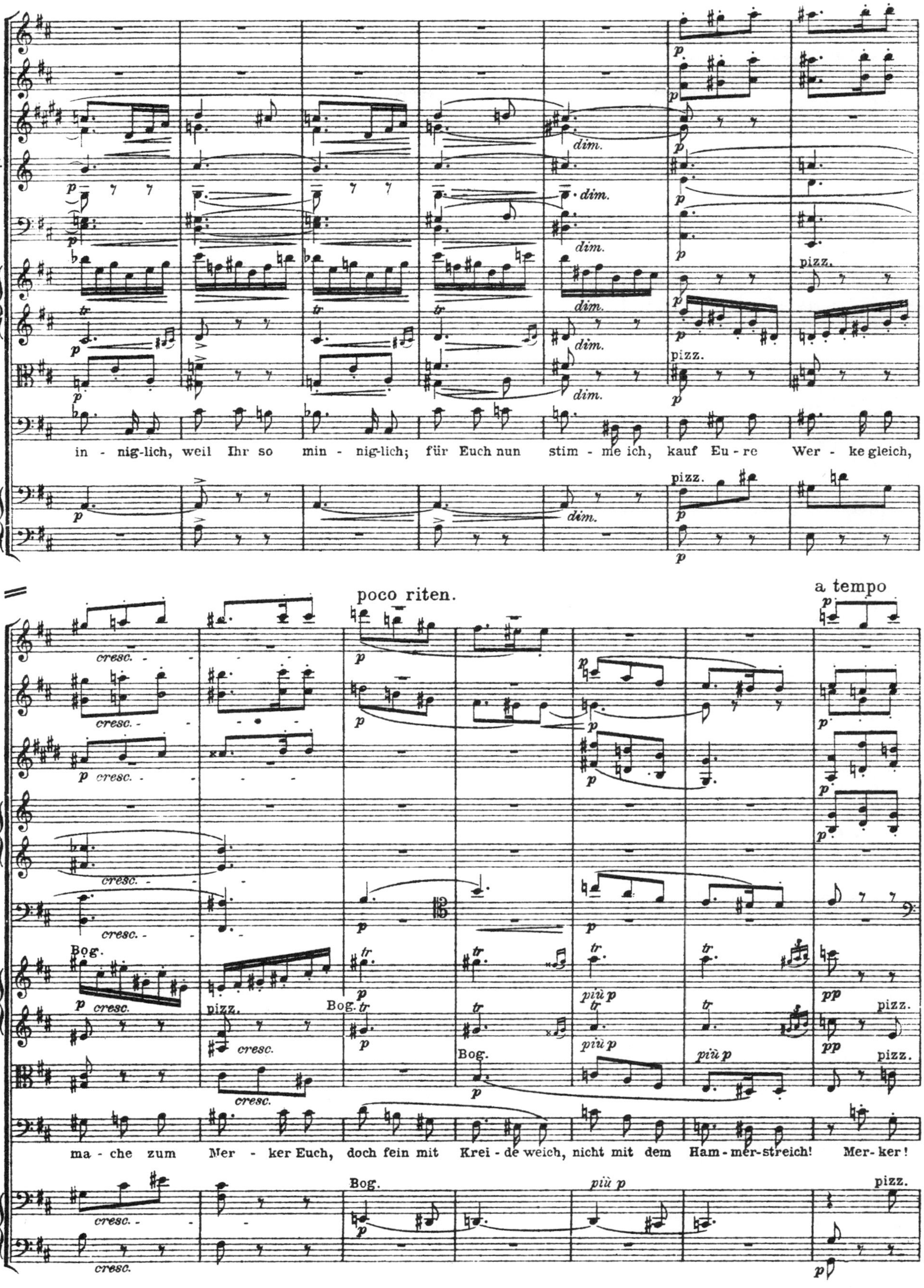
Gr. Fl. I.
Hob.
Klar. in B.
Hr. III. IV. in D.
Fag.
I. Viol. II.
Br.
B.
in - nig-lich, weil Ihr so min - nig-lich; für Euch nun stim - me ich, kauf Eu - re Wer - ke gleich,
Vcl.
K.B.
poco riten.
a tempo
Gr. Fl.
Hob.
Klar. in B.
in F. Hr. in D.
Fag.
I. Viol. II.
Br.
B.
ma - che zum Mer - ker Euch, doch fein mit Krei - de weich, nicht mit dem Ham - mer-streich! Mer - ker!
Vcl.
K.B.
cresc.
dim.
pizz.
Bog.
più p

590

594

602

604

610

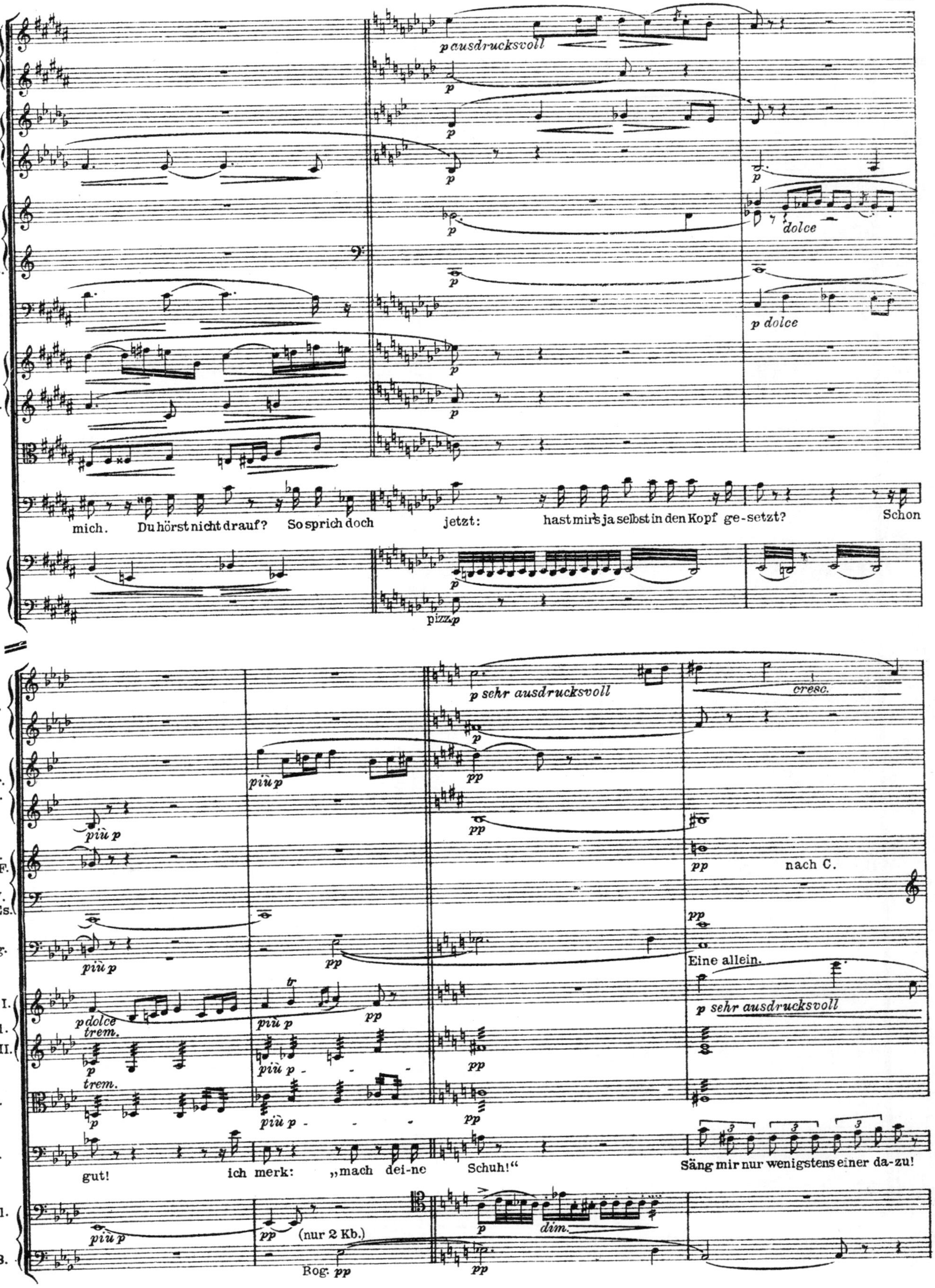
Hob.
Klar. in B.
I.II. in F.
Hr.
IV. in Es.
Fag. I.
I.
Viol.
II.
Br.
S.
Vcl.
K.B.
p ausdrucksvoll
p
dolce
p dolce
mich. Du hörst nicht drauf? So sprich doch jetzt: hast mir's ja selbst in den Kopf ge-setzt? Schon
pizz. p
p sehr ausdrucksvoll
cresc.
più p
pp
nach C.
Eine allein.
p sehr ausdrucksvoll
p dolce
trem.
gut! ich merk: „mach dei-ne Schuh!“ Säng mir nur wenigstens einer da-zu!
dim.
(nur 2 Kb.)
Bog. pp

632

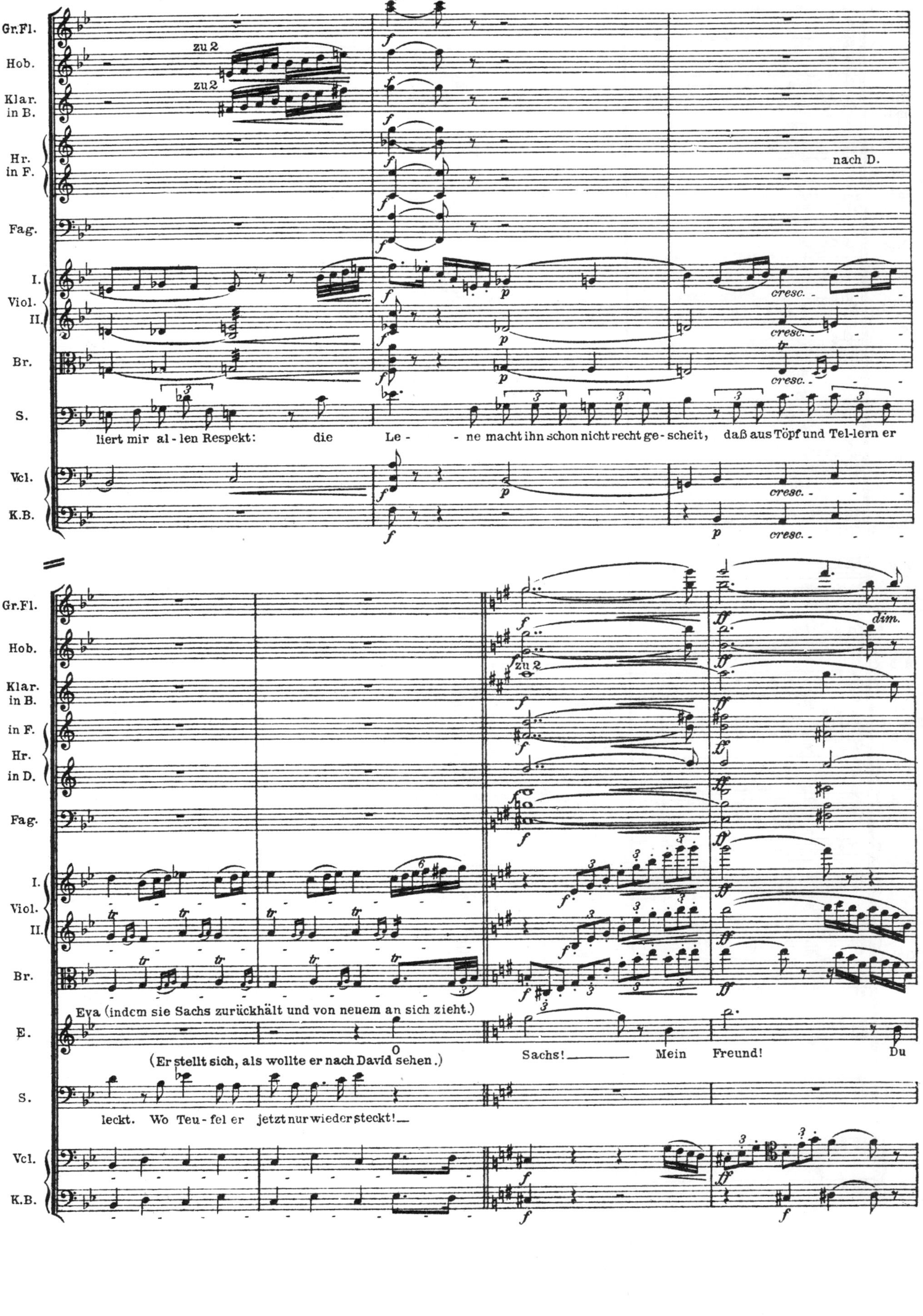
Gr.Fl.
Hob.
Klar. in B.
Hr. in F.
Fag.
I. Viol. II.
Br.
S.
Vcl.
K.B.
zu 2
zu2
nach D.
cresc.
liert mir al-len Respekt: die Le - ne macht ihn schon nicht recht ge-scheit, daß aus Töpf und Tel-lern er
in F.
Hr.
in D.
dim.
Eva (indem sie Sachs zurückhält und von neuem an sich zieht.)
E.
(Er stellt sich, als wollte er nach David sehen.)
Sachs! Mein Freund! Du
leckt. Wo Teu-fel er jetzt nur wieder steckt!

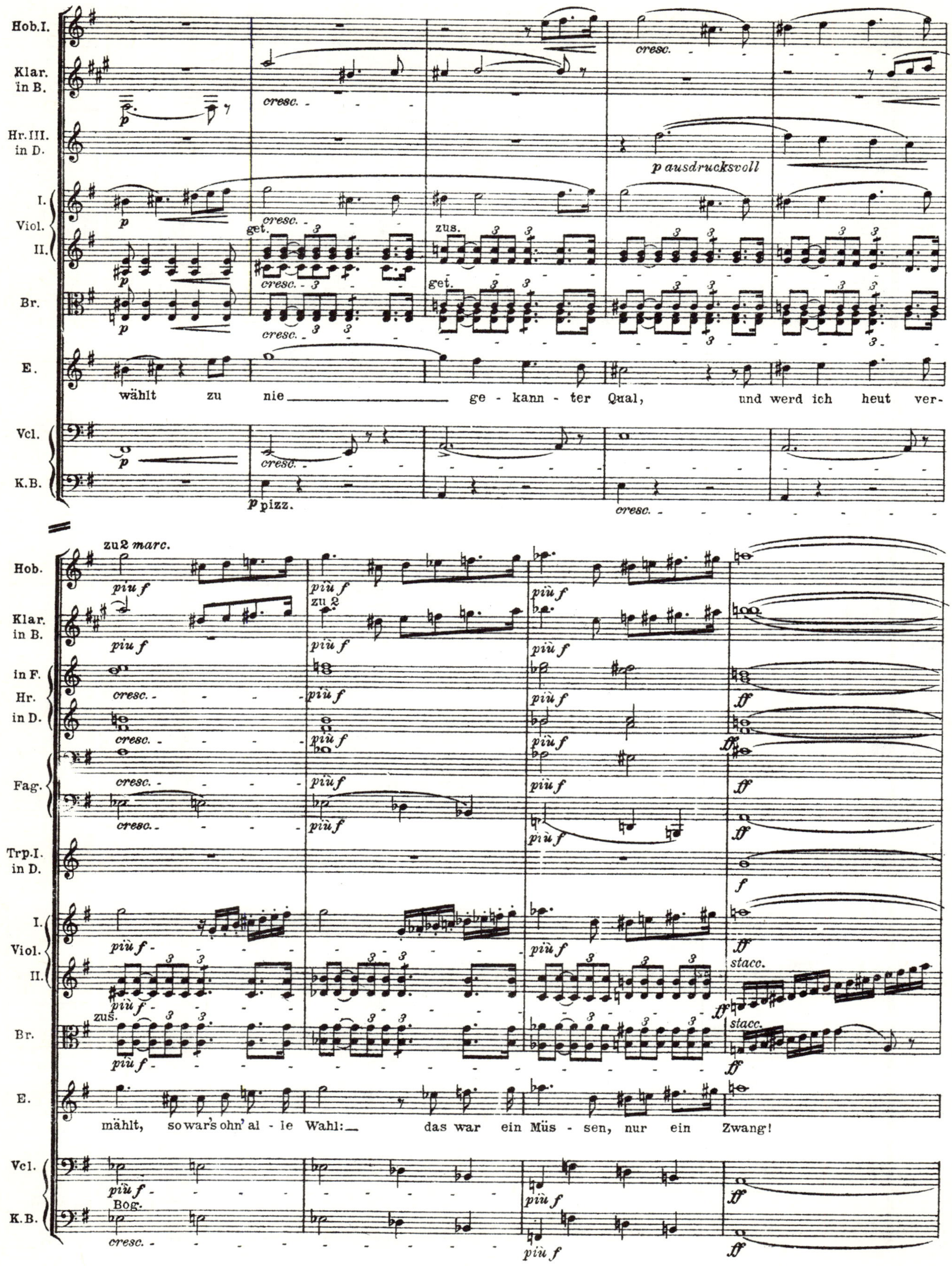
Hob. I.
Klar. in B.
Hr. III. in D.
p ausdrucksvoll
I. Viol. II.
Br.
E.
wählt zu nie ge - kann - ter Qual, und werd ich heut ver-
Vcl.
K. B.
pizz.
Hob.
zu 2 marc.
Klar. in B.
in F. Hr. in D.
Fag.
Trp. I. in D.
I. Viol. II.
Br.
stacc.
E.
mählt, so war's ohn' al - le Wahl: das war ein Müs - sen, nur ein Zwang!
Vcl.
K. B.
Bog.

642

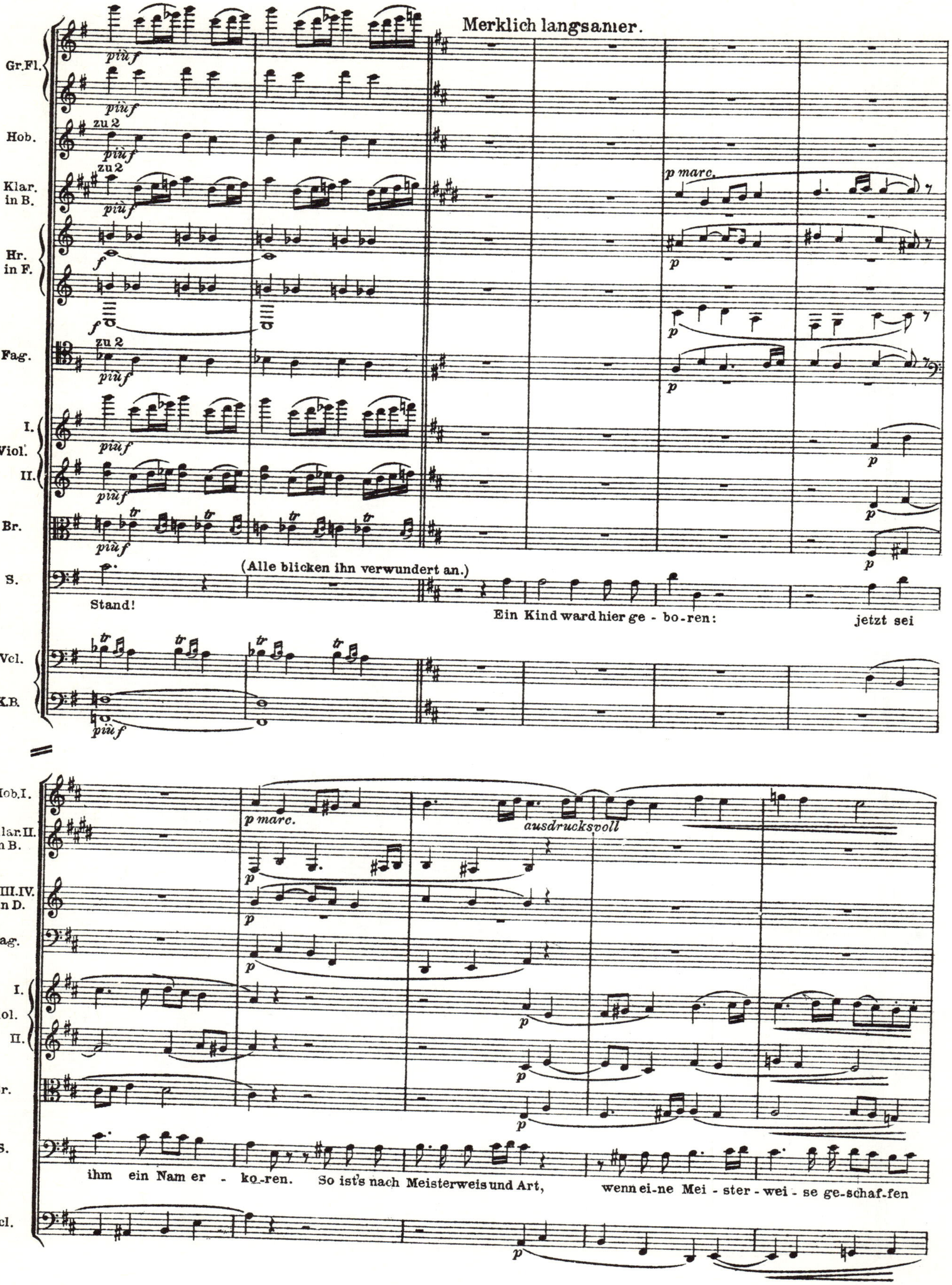
Merklich langsamer.
Gr. Fl.
Hob.
Klar. in B.
Hr. in F.
Fag.
I. Viol. II.
Br.
S.
Vcl.
K.B.
(Alle blicken ihn verwundert an.)
Stand!
Ein Kind ward hier ge - bo - ren: jetzt sei
Hob. I.
Klar. II. in B.
Hr. III. IV. in D.
ihm ein Nam er - ko - ren. So ist's nach Meisterweis und Art, wenn ei - ne Mei - ster - wei - se ge - schaf - fen
più f
zu 2
p marc.
ausdrucksvoll

Ei-ne Meisterweise ist ge-lungen, von Junker Walther ge-dich-tet und ge-sun-gen: der jungen Wei-se le-ben-der Va-ter lud mich und die Pognerin zu Ge-vat-ter. Weil wir die

656

668

Fünfte Szene. (Die Vorhänge sind nach der Höhe aufgezogen worden; die Buhne ist verwandelt. Diese stellt einen freien Wiesenplan dar, im fernen Hintergrunde die Stadt Nürnberg. Die Pegnitz schlängelt sich durch den Plan; der schmale Fluß ist an den nächsten Punkten praktikabel gehalten. Buntbeflaggte Kähne setzen unablässig die ankommenden, festlich gekleideten Bürger der Zünfte, mit Frauen und Kindern, an das Ufer der Festwiese über. Eine erhöhte Bühne, mit Bänken darauf, ist rechts zur Seite aufgeschlagen; bereits ist sie mit den Fahnen der ankommenden Zünfte ausgeschmückt; im Verlaufe stecken die Fahnenträger der noch ankommenden Zünfte ihre Fahnen ebenfalls um die Sängerbühne auf, so daß diese schließlich nach drei Seiten hin ganz davon eingefaßt ist. — Zelte mit Getränken und Erfrischungen aller Art begrenzen im übrigen die Seiten des vorderen Hauptraumes.)

(Vor den Zelten geht es bereits lustig her: Bürger mit Frauen, Kindern und Gesellen, sitzen und lagern daselbst. — Die Lehrbuben der Meistersinger, festlich gekleidet, mit Blumen und Bändern reich und anmutig geschmückt, üben mit schlanken Stäben, die ebenfalls mit Blumen und Bändern geziert sind, in lustiger Weise das Amt von Herolden und Marschällen aus. Sie empfangen die am Ufer Aussteigenden, ordnen die Züge der Zünfte, und geleiten diese nach der Singerbühne, von wo aus, nachdem der Bannerträger die Fahne aufgepflanzt, die Zunftbürger und Gesellen nach Belieben sich unter den Zelten zerstreuen. — So eben, nach der Verwandlung, werden in der angegebenen Weise die Schuster am Ufer empfangen, und nach dem Vordergrund geleitet.)

672

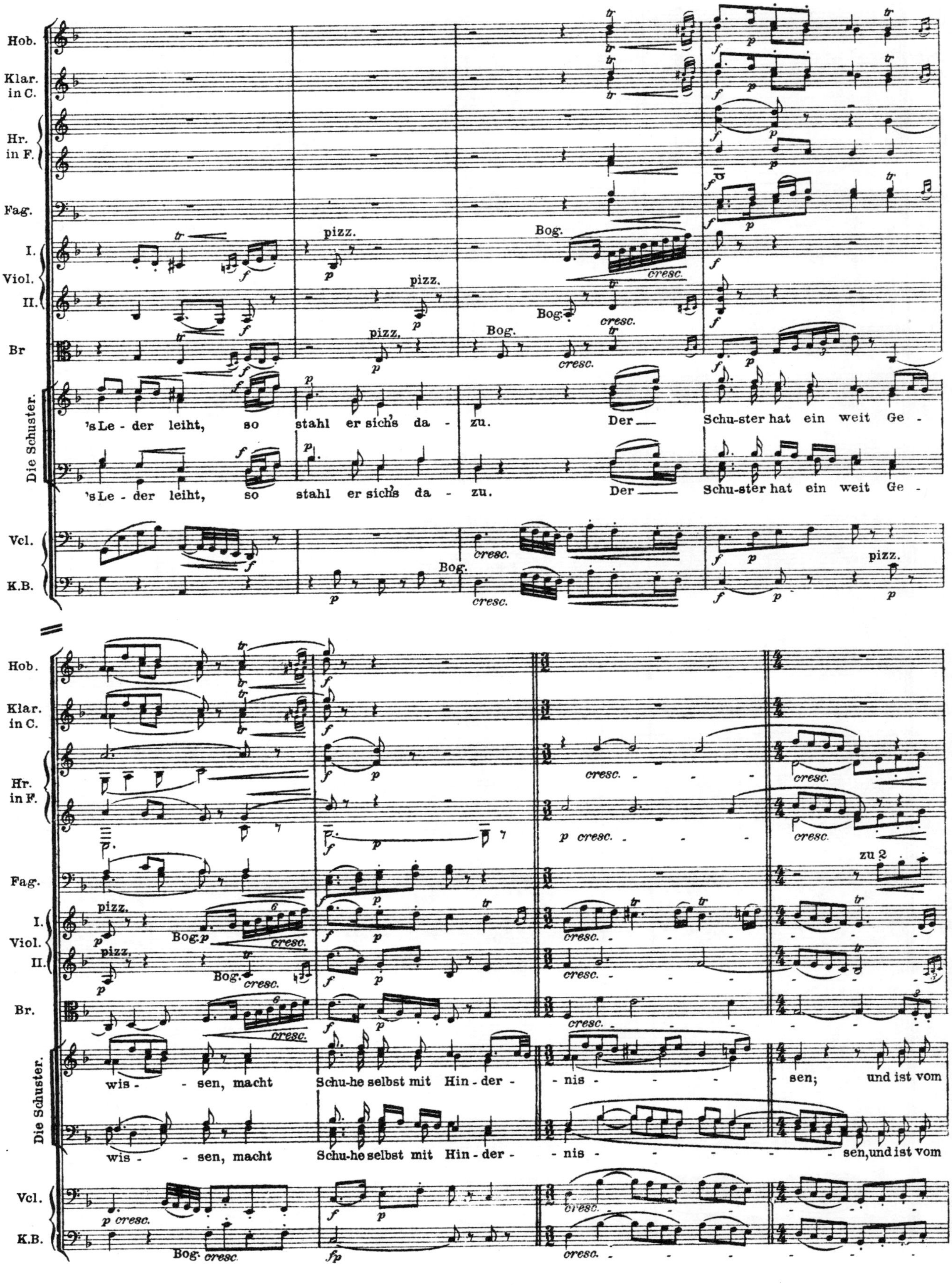
Hob.
Klar. in C.
Hr. in F.
Fag.
I. Viol. II.
Br
Die Schuster.
Vcl.
K.B.
pizz.
Bog.
cresc.
'sLe - der leiht, so stahl er sich's da - zu. Der — Schu-ster hat ein weit Ge -
wis - sen, macht Schu-he selbst mit Hin - der - nis - sen; und ist vom
zu 2
p cresc.

676

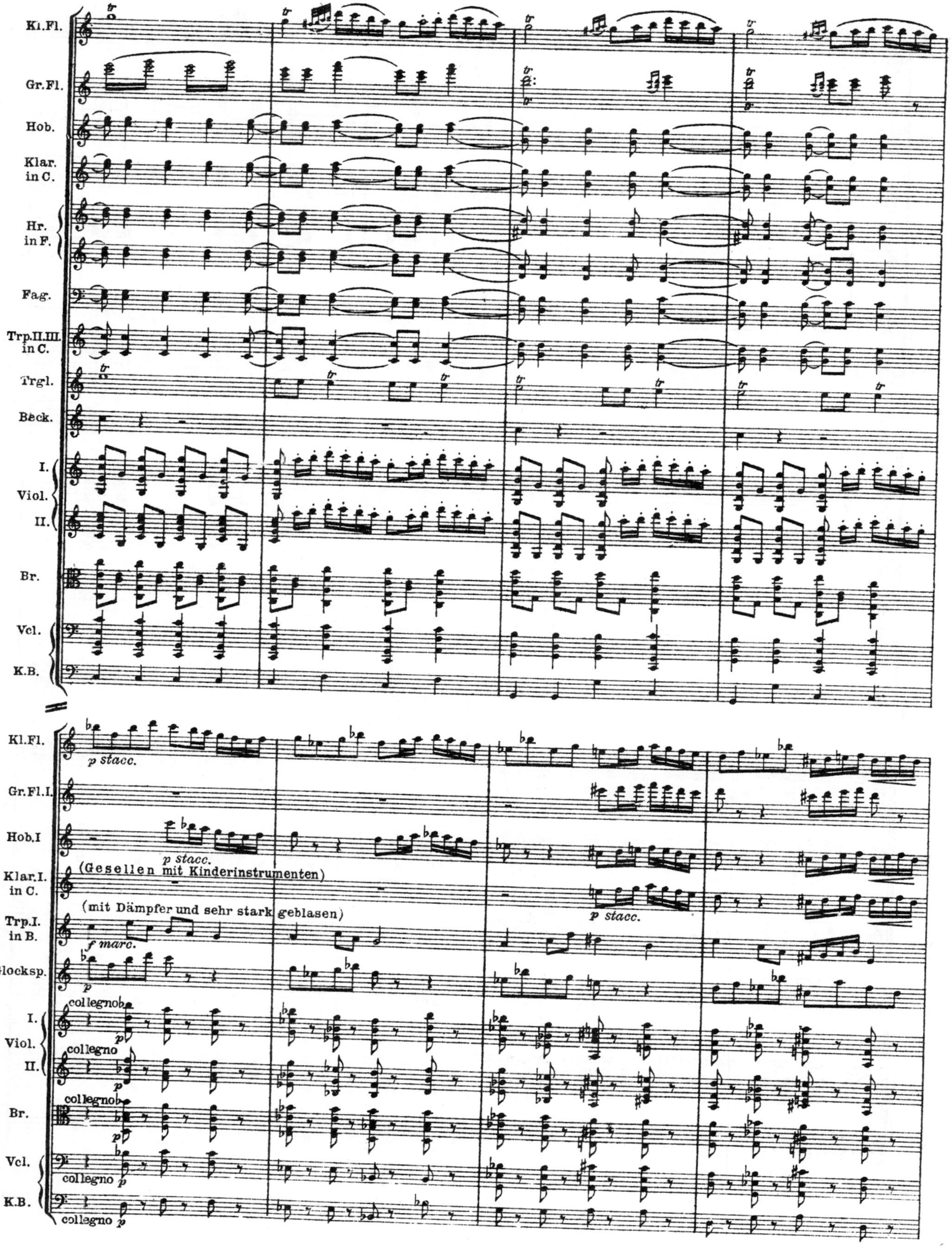
Kl.Fl.
Gr.Fl.
Hob.
Klar. in C.
Hr. in F.
Fag.
Trp.II.III. in C.
Trgl.
Beck.
I. Viol. II.
Br.
Vcl.
K.B.
Kl.Fl.
p stacc.
Gr.Fl.I.
Hob.I
p stacc.
Klar.I. in C.
(Gesellen mit Kinderinstrumenten)
p stacc.
Trp.I. in B.
(mit Dämpfer und sehr stark geblasen)
f marc.
Glocksp.
p
col legno
p
Br.
Vcl.
K.B.

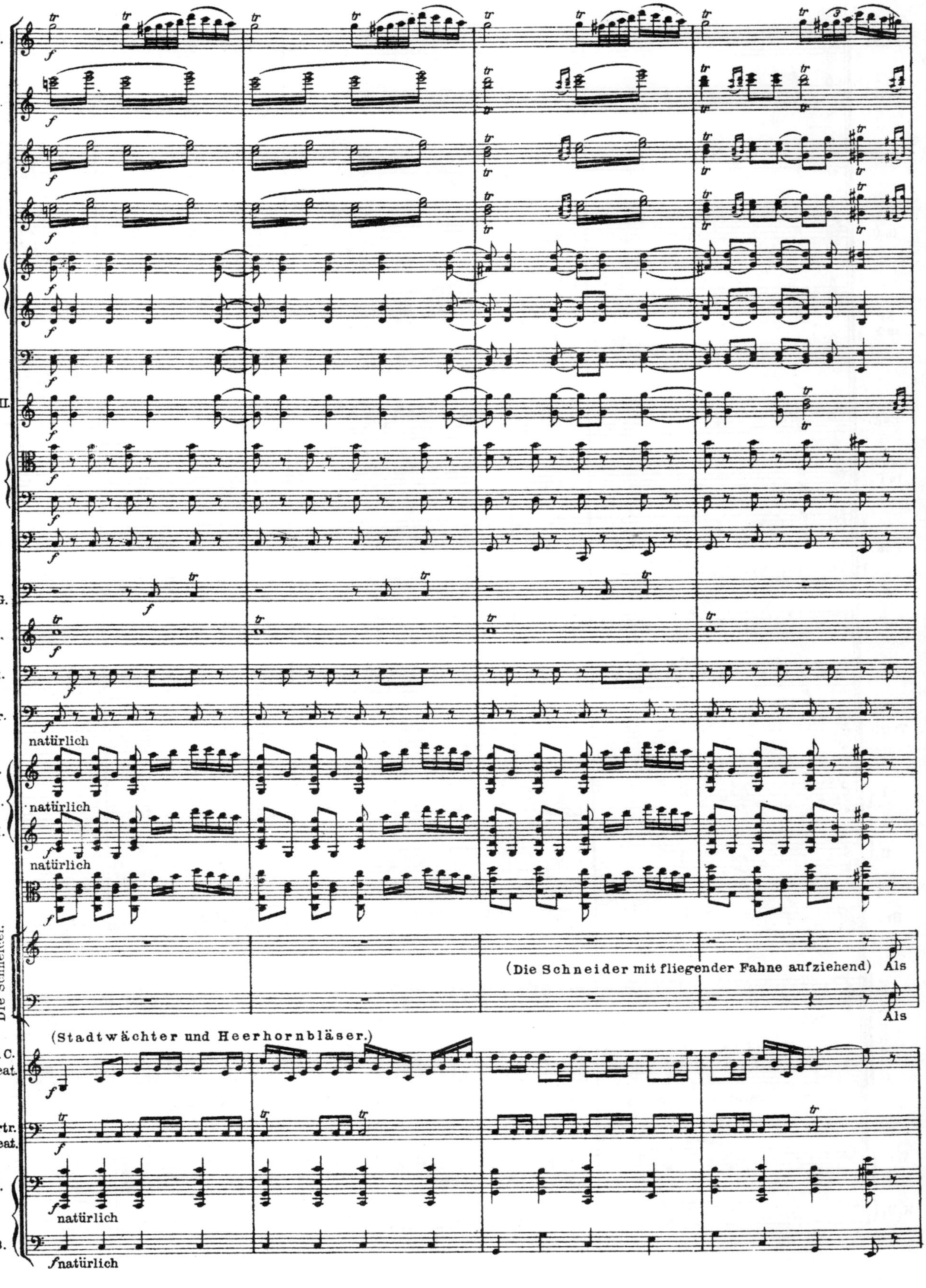
Kl. Fl.
Gr. Fl.
Hob.
Klar. in C.
Hr. in F.
Fag.
Trp. II. III. in C.
Pos.
B. T.
Pk. in C u. G.
Trgl.
Beck.
gr. Tr.
natürlich
I.
Viol.
natürlich
II.
natürlich
Br.
Die Schneider
(Die Schneider mit fliegender Fahne aufziehend)
Als
Als
(Stadtwächter und Heerhornbläser.)
Trp. in C. a. d. Theat.
Rührtr. a. d. Theat.
Vcl.
natürlich
K. B.
natürlich

680

* Die Triller (tr) sind von den Sängern als sogenannte Bockstriller auszuführen.

682

683

686

690

692

(Das Charakteristische des folgenden Tanzes, mit welchem die Lehrbuben und Mädchen zunächst nach den Vordergrund kommen, besteht darin, daß die Lehrbuben die Mädchen scheinbar nur an den Platz bringen wollen; sowie die Gesellen zugreifen wollen, ziehen die Buben die Mädchen aber immer wieder zurück, als ob sie sie anderswo unterbringen wollten, wobei sie meistens den ganzen Kreis, wie wählend, ausmessen, und somit die scheinbare Absicht auszuführen anmutig und lustig verzögern.)

Mäßiges Walzer-Zeitmaß.

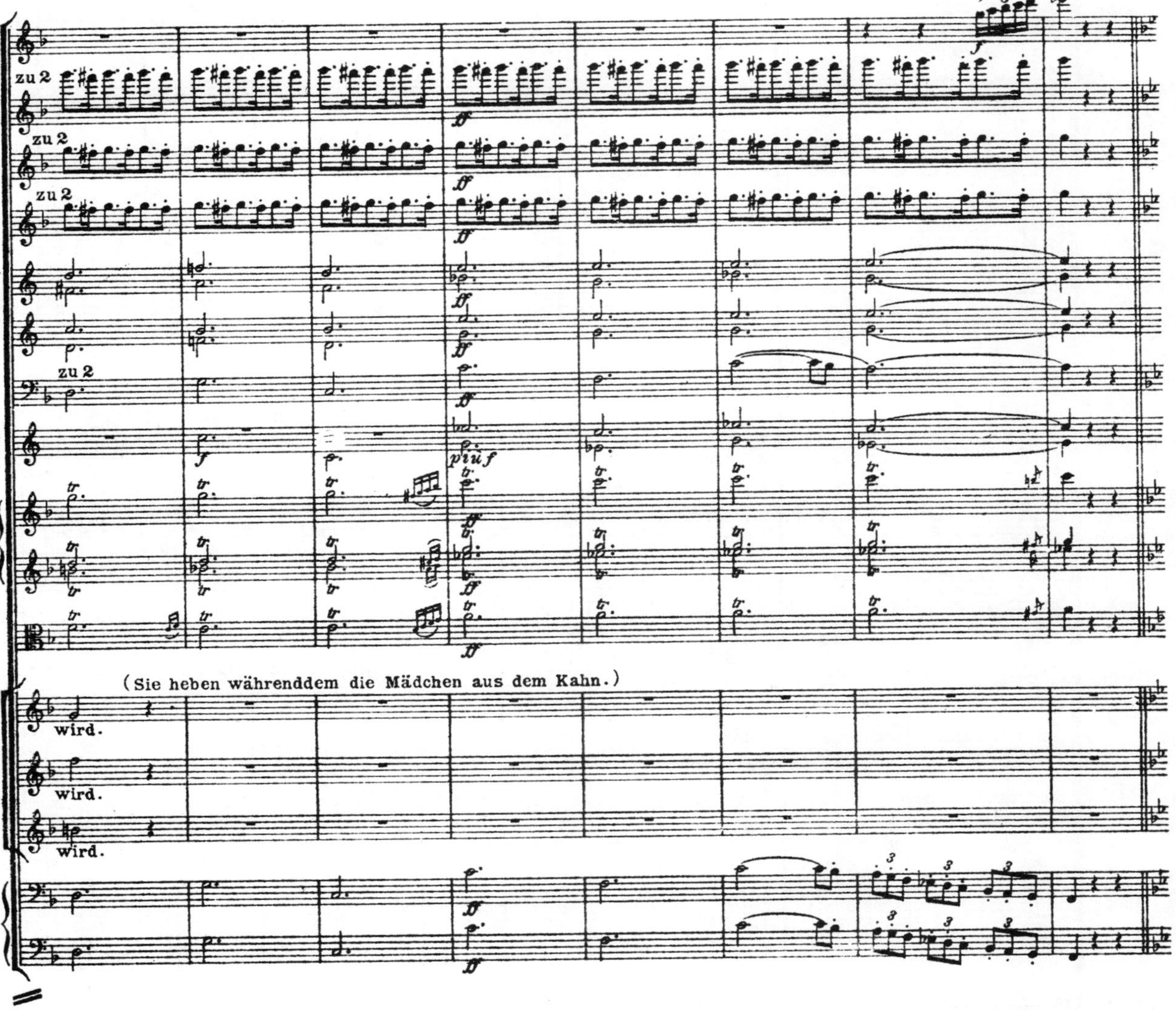

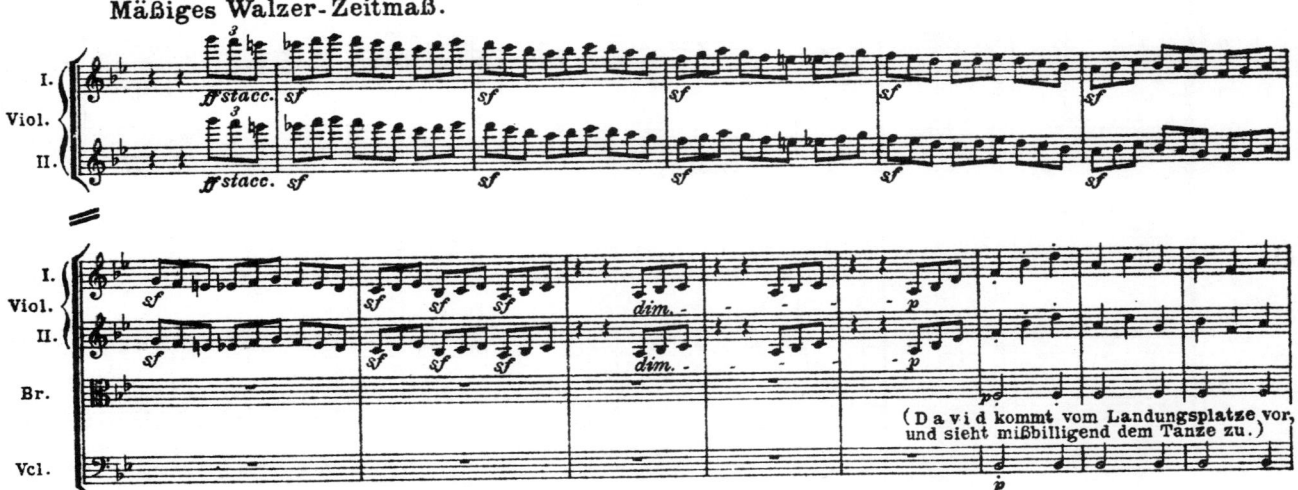

694

696

700

Beginn des Aufzugs der Meistersinger.

705

706

707

710

(Der Zug der Meistersinger ist

714

716

*) Außer Sachs singen alle Anwesenden diese Strophe mit: sie ist daher, je nach der Stimme, in jede Gesangspartie einzutragen. Alle Sitzenden erheben sich, die Männer bleiben mit entblößtem Haupte. Beckmesser bleibt, mit dem Memorieren des Gedichtes beschäftigt hinter den andern Meistern versteckt, so daß er bei dieser Gelegenheit der Beachtung des Publikums entzogen wird.

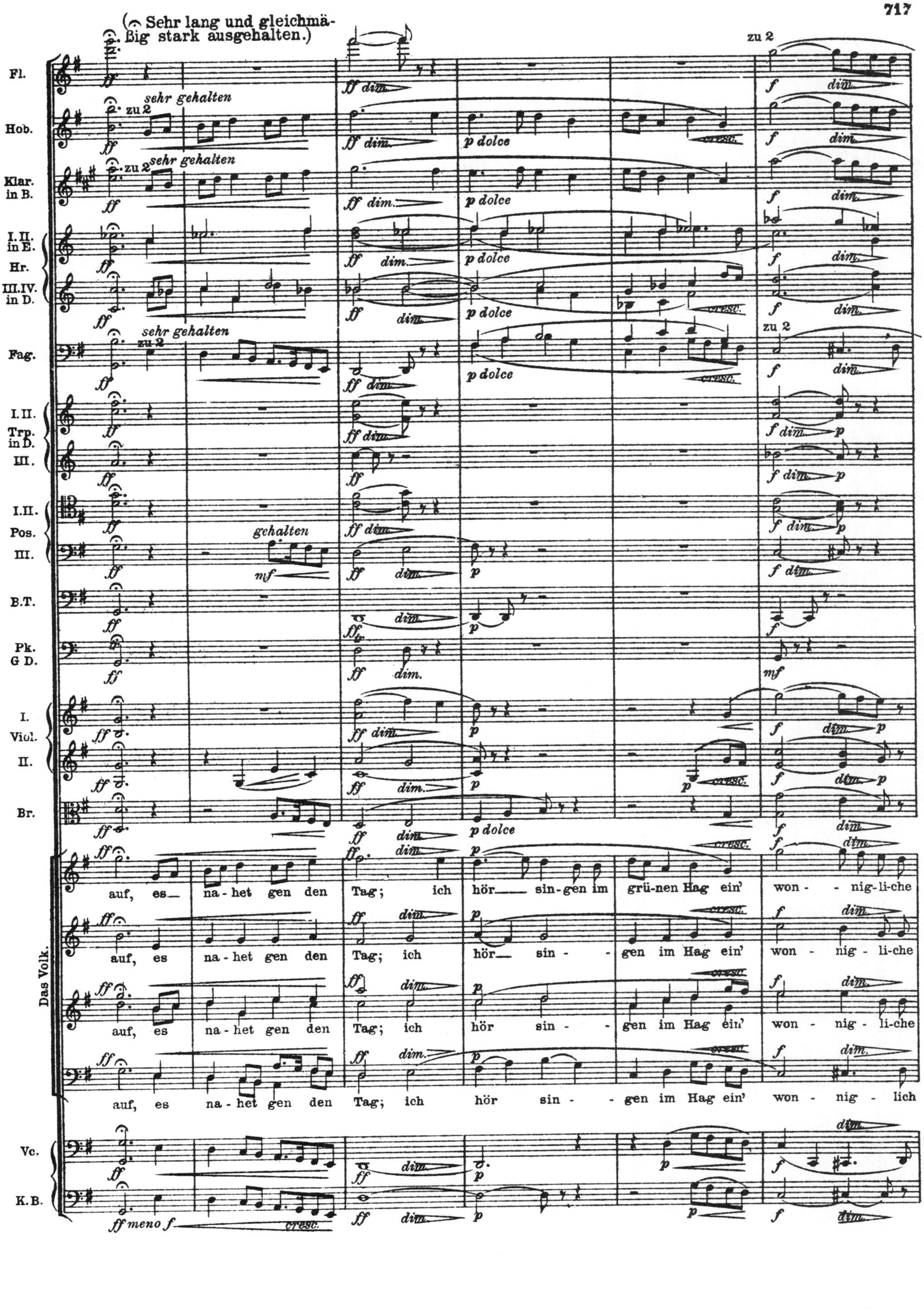
(𝄐 Sehr lang und gleichmä-
ßig stark ausgehalten.)
Fl.
Hob.
Klar. in B.
I. II. in E.
Hr.
III. IV. in D.
Fag.
I. II.
Trp. in D.
III.
I. II.
Pos.
III.
B.T.
Pk. G D.
I.
Viol.
II.
Br.
Das Volk.
Vc.
K.B.
sehr gehalten
zu 2
gehalten
p dolce
cresc.
dim.
ff meno f
auf, es na-het gen den Tag; ich hör sin-gen im grü-nen Hag ein' won-nig-li-che
auf, es na-het gen den Tag; ich hör sin-gen im Hag ein' won-nig-li-che
auf, es na-het gen den Tag; ich hör sin-gen im Hag ein' won-nig-li-che
auf, es na-het gen den Tag; ich hör sin-gen im Hag ein' won-nig-lich

718

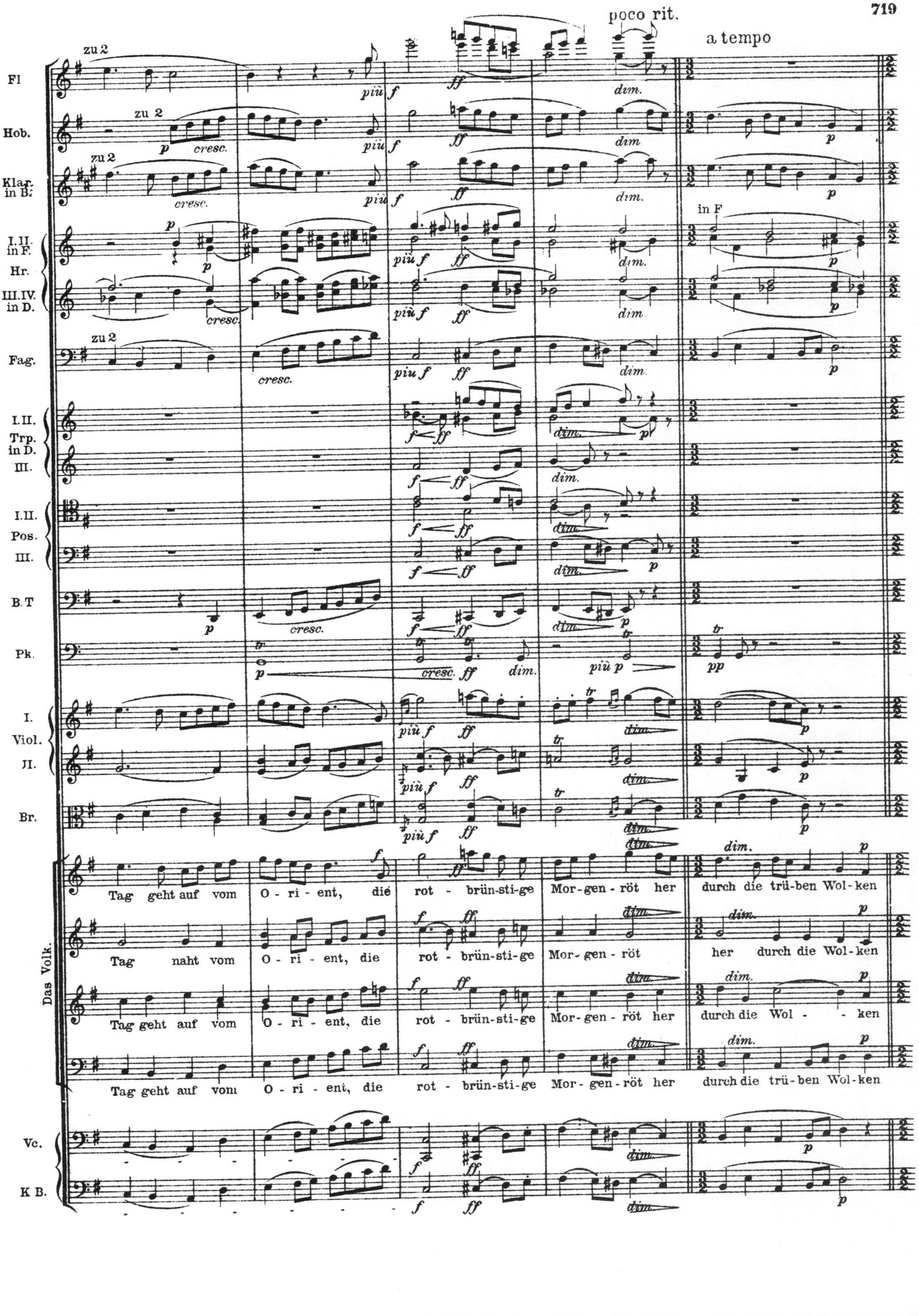
poco rit.
a tempo
Fl
Hob.
Klar. in B.
I. II. in F.
Hr.
III. IV. in D.
Fag.
I. II.
Trp. in D.
III.
I. II.
Pos.
III.
B. T
Pk.
I.
Viol.
II.
Br.
Das Volk.
Vc.
K B.
zu 2
in F
Tag geht auf vom O-ri-ent, die rot-brün-sti-ge Morgen-röt her durch die trü-ben Wol-ken
Tag naht vom O-ri-ent, die rot-brün-sti-ge Mor-gen-röt her durch die Wol-ken
Tag geht auf vom O-ri-ent, die rot-brün-sti-ge Mor-gen-röt her durch die Wol-ken
Tag geht auf vom O-ri-ent, die rot-brün-sti-ge Mor-gen-röt her durch die trü-ben Wol-ken

*) Von hier an singt der Chor des Volkes wieder allein; die Meister auf der Bühne sowie die andern vorigen Teilnehmer am Gesange der Strophe geben sich dem Schauspiele des Volksjubels hin.

722

726

730

732

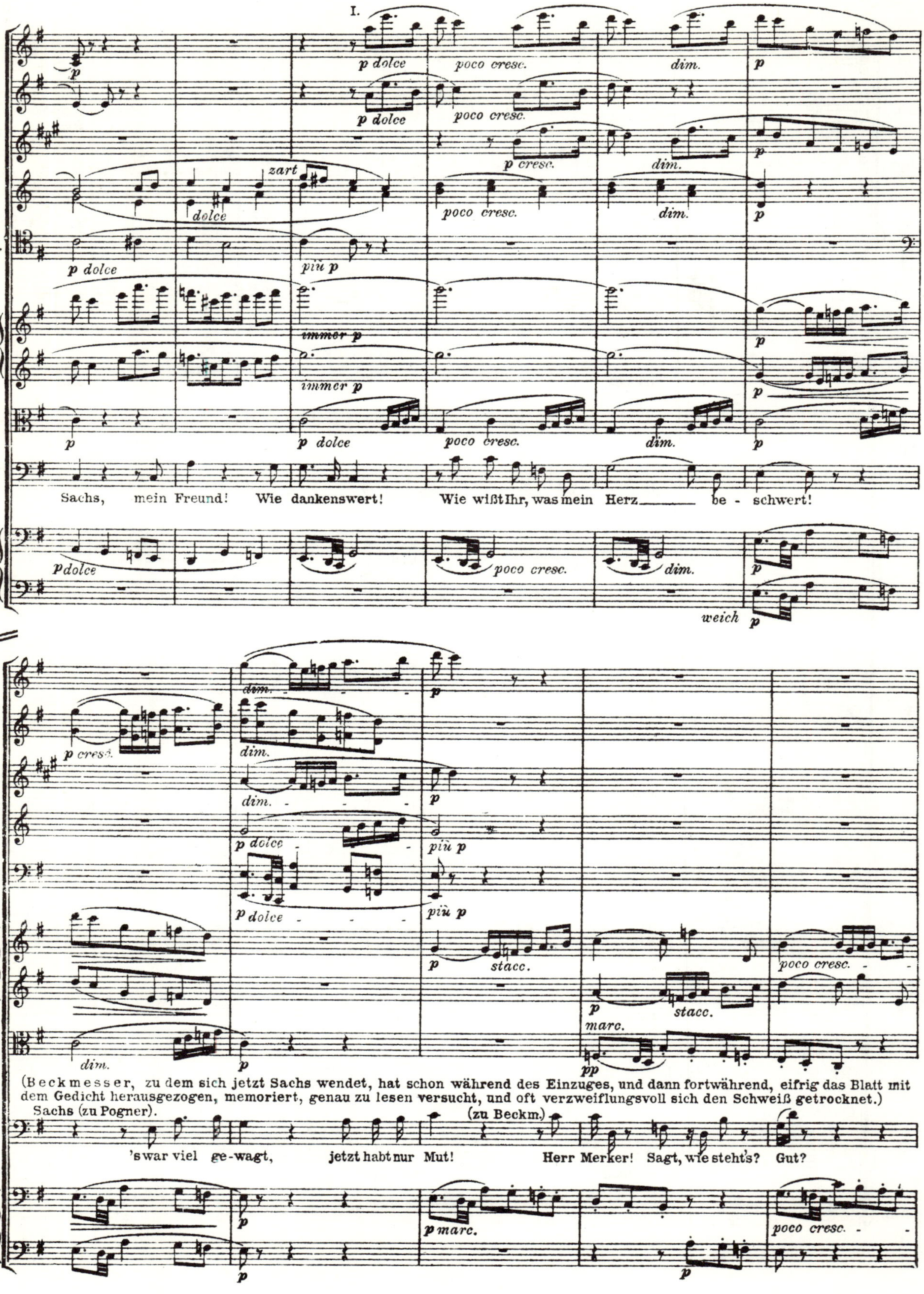
Fl.
Hob. I.
Klar. I. in B.
Hr. I. II. in F.
Fag. I.
I. Viol. II.
Br.
P.
Vc.
K.B.
I.
p dolce
poco cresc.
dim.
zart
dolce
piu p
immer p
p
weich
Sachs, mein Freund! Wie dankenswert! Wie wißt Ihr, was mein Herz be-schwert!
Fl. I.
Hob.
Klar. I. in B.
Hr. I. in F.
Fag.
I. Viol. II.
Br.
S.
Vc.
K.B.
p cresc.
dim.
p dolce
più p
stacc.
marc.
pp
poco cresc.
p marc.
(Beckmesser, zu dem sich jetzt Sachs wendet, hat schon während des Einzuges, und dann fortwährend, eifrig das Blatt mit dem Gedicht herausgezogen, memoriert, genau zu lesen versucht, und oft verzweiflungsvoll sich den Schweiß getrocknet.)
Sachs (zu Pogner).
(zu Beckm.)
's war viel ge-wagt, jetzt habt nur Mut! Herr Merker! Sagt, wie steht's? Gut?

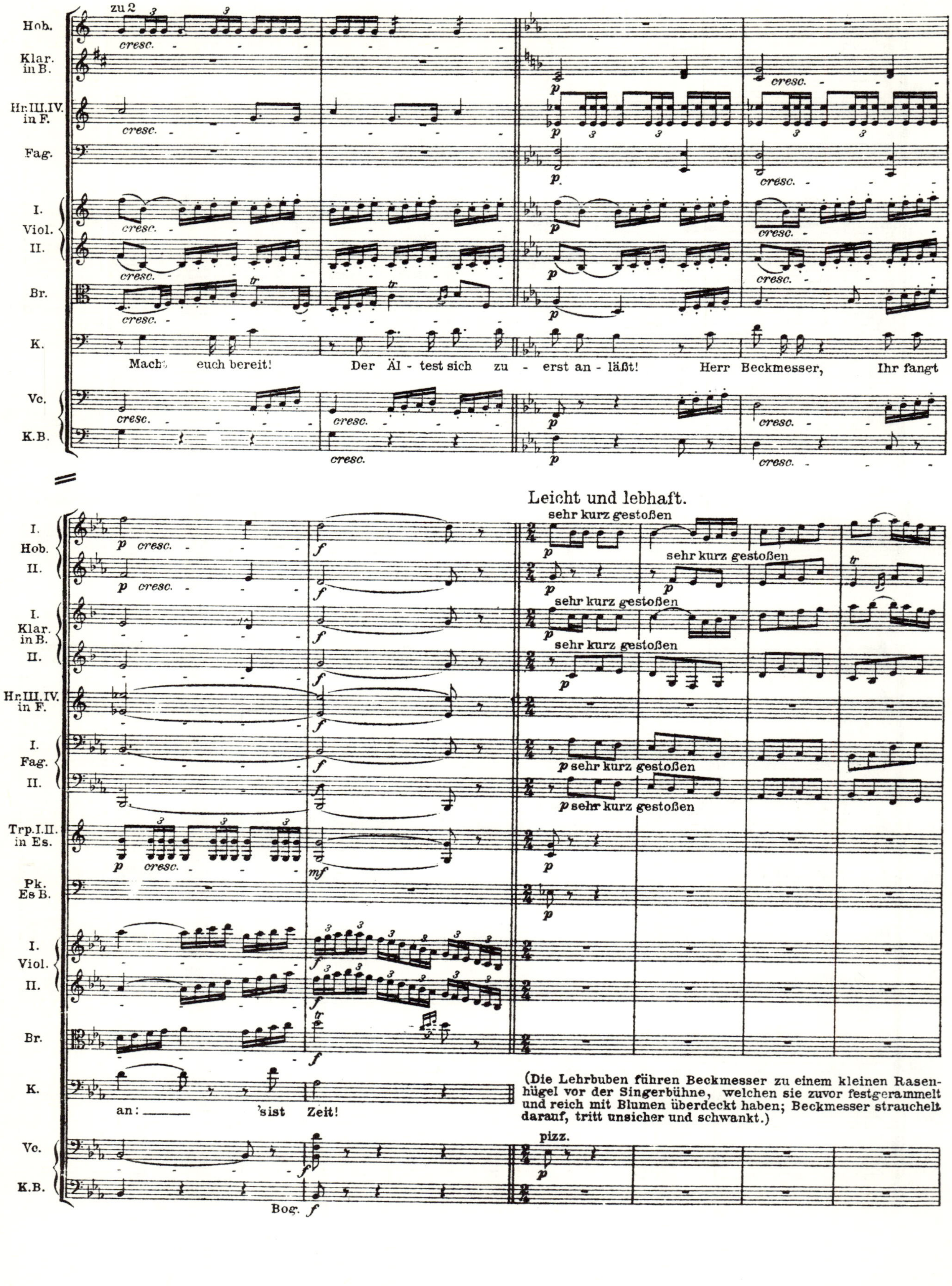
zu 2
Hob.
Klar. in B.
Hr. III. IV. in F.
Fag.
I. Viol. II.
Br.
K.
Vc.
K.B.
cresc.
p
Mach' euch bereit! Der Äl - test sich zu - erst an - läßt! Herr Beckmesser, Ihr fangt
Leicht und lebhaft.
sehr kurz gestoßen
I. Hob. II.
I. Klar. in B. II.
Hr. III. IV. in F.
I. Fag. II.
Trp. I. II. in Es.
Pk. Es B.
I. Viol. II.
Br.
K.
Vc.
K.B.
p cresc.
f
mf
p sehr kurz gestoßen
an: 'sist Zeit!
(Die Lehrbuben führen Beckmesser zu einem kleinen Rasenhügel vor der Singerbühne, welchen sie zuvor festgerammelt und reich mit Blumen überdeckt haben; Beckmesser strauchelt darauf, tritt unsicher und schwankt.)
pizz.
Bog. f

742

750

*) Die verschiedenen Stimmen abwechselnd.

754

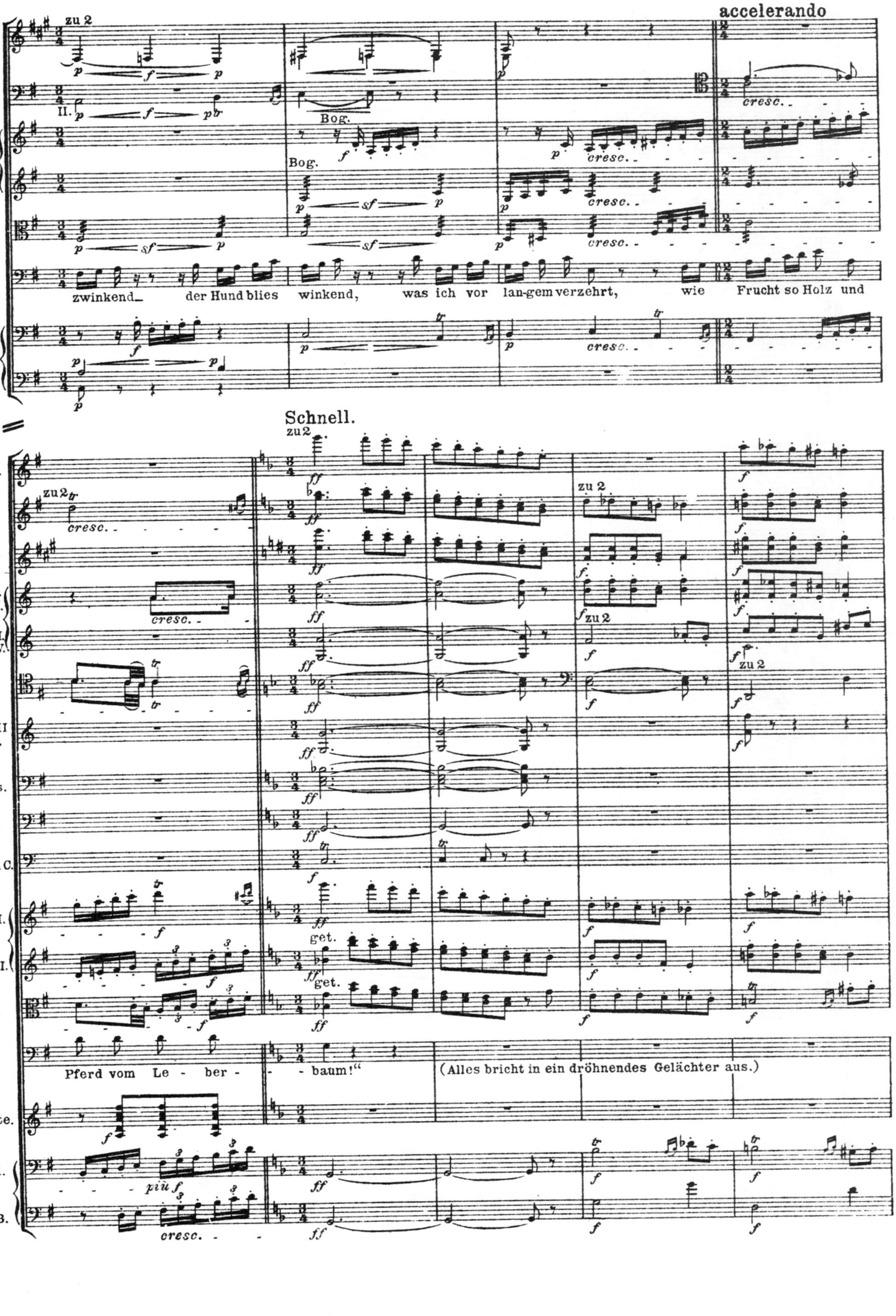
accelerando
Klar. in B.
Fag.
Viol. I. II.
Br.
B.
zwinkend der Hund blies winkend, was ich vor lan-gem verzehrt, wie Frucht so Holz und
Vcl.
K.B.
Schnell.
Gr.Fl.
Hob.
Klar. in B.
Hr. in F I. II. III. IV.
Fag.
Trp. I. II in C.
3 Pos.
B.T.
Pk. in C.
Viol. I. II.
Br.
B.
Pferd vom Le-ber-baum!"
(Alles bricht in ein dröhnendes Gelächter aus.)
Laute.
Vcl.
K.B.

762

772

776

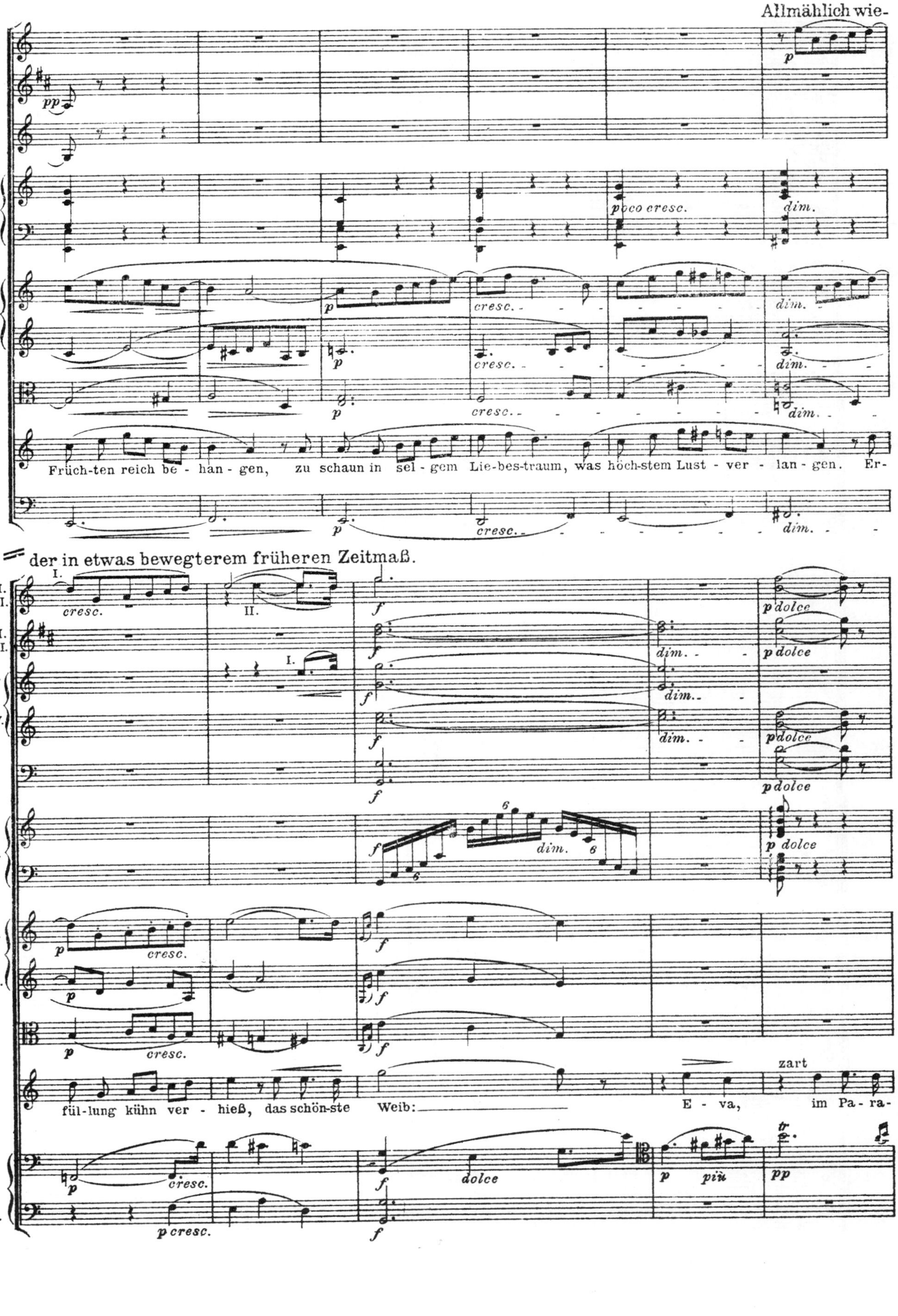
Allmählich wieder in etwas bewegterem früheren Zeitmaß.
Hob. I.
Klar. I in B.
Hr. IV in C.
Hrfe.
poco cresc.
dim.
Viol. I. II.
Br.
W.
Früch-ten reich be - han-gen, zu schaun in sel-gem Lie-bes-traum, was höch-stem Lust - ver - lan-gen. Er-
Vcl.
Hob. I. II.
Klar. I. II. in B.
Hr. I. II. in F.
Hr. III. IV. in C.
Fag.
p dolce
cresc.
dim.
zart
fül-lung kühn ver - hieß, das schön-ste Weib: E - va, im Pa-ra-
dolce
più
K.B.
p cresc.

786

794

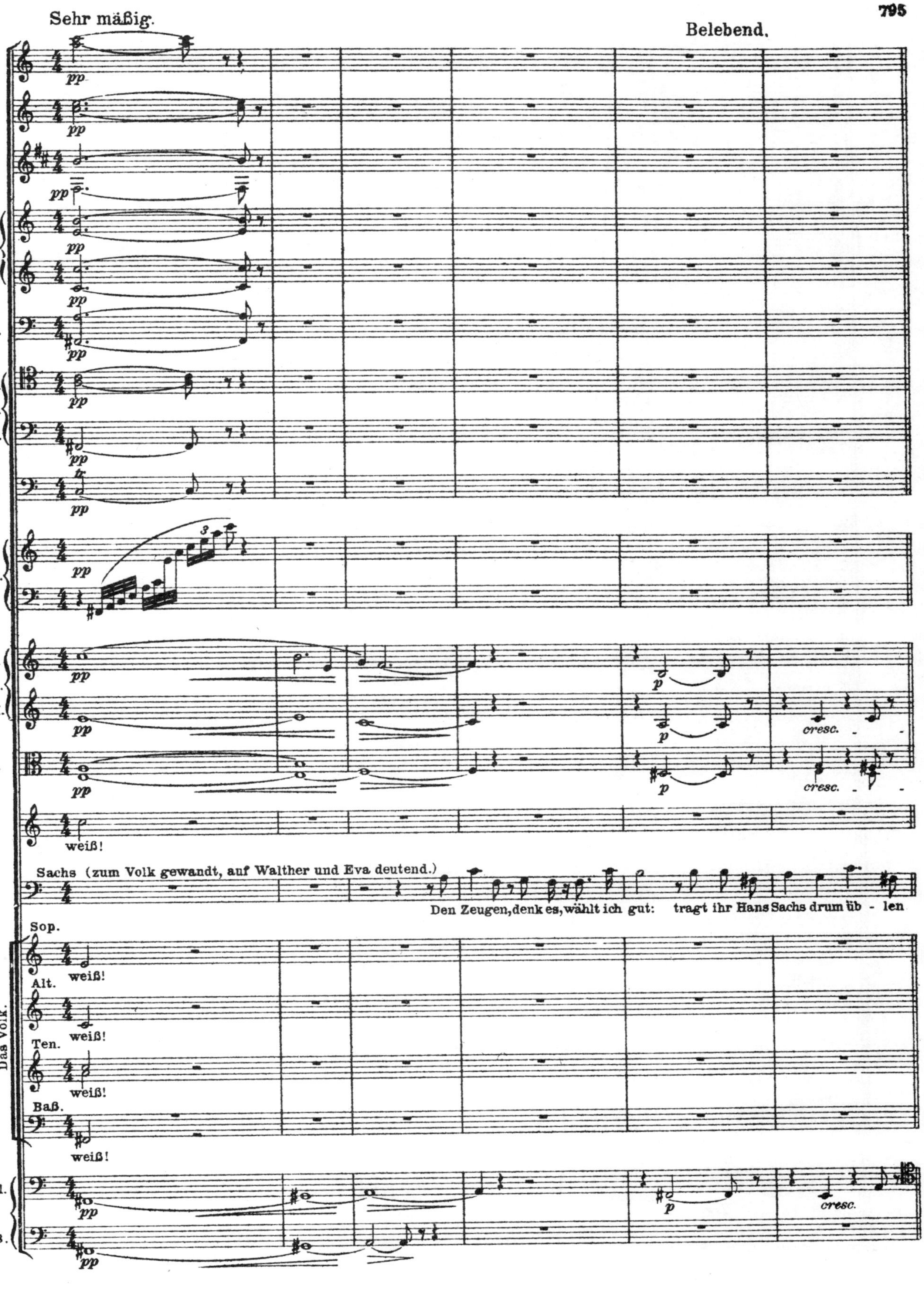
Sehr mäßig.
Belebend.
Fl.
Hob.
Klar.
I.II. in F. Hr. III.IV. in C.
Fag.
I.II. Pos. III.
Pk.
Hrfe.
I. Viol. II.
Br.
E.
weiß!
Sachs (zum Volk gewandt, auf Walther und Eva deutend.)
S.
Den Zeugen, denk es, wählt ich gut: tragt ihr Hans Sachs drum üb - len
Das Volk.
Sop.
weiß!
Alt.
weiß!
Ten.
weiß!
Baß.
weiß!
Vcl.
K.B.
pp
p
cresc.
tr

810

*) Von allen mitzusingen, schließlich auch von Walther und Eva.

814

816

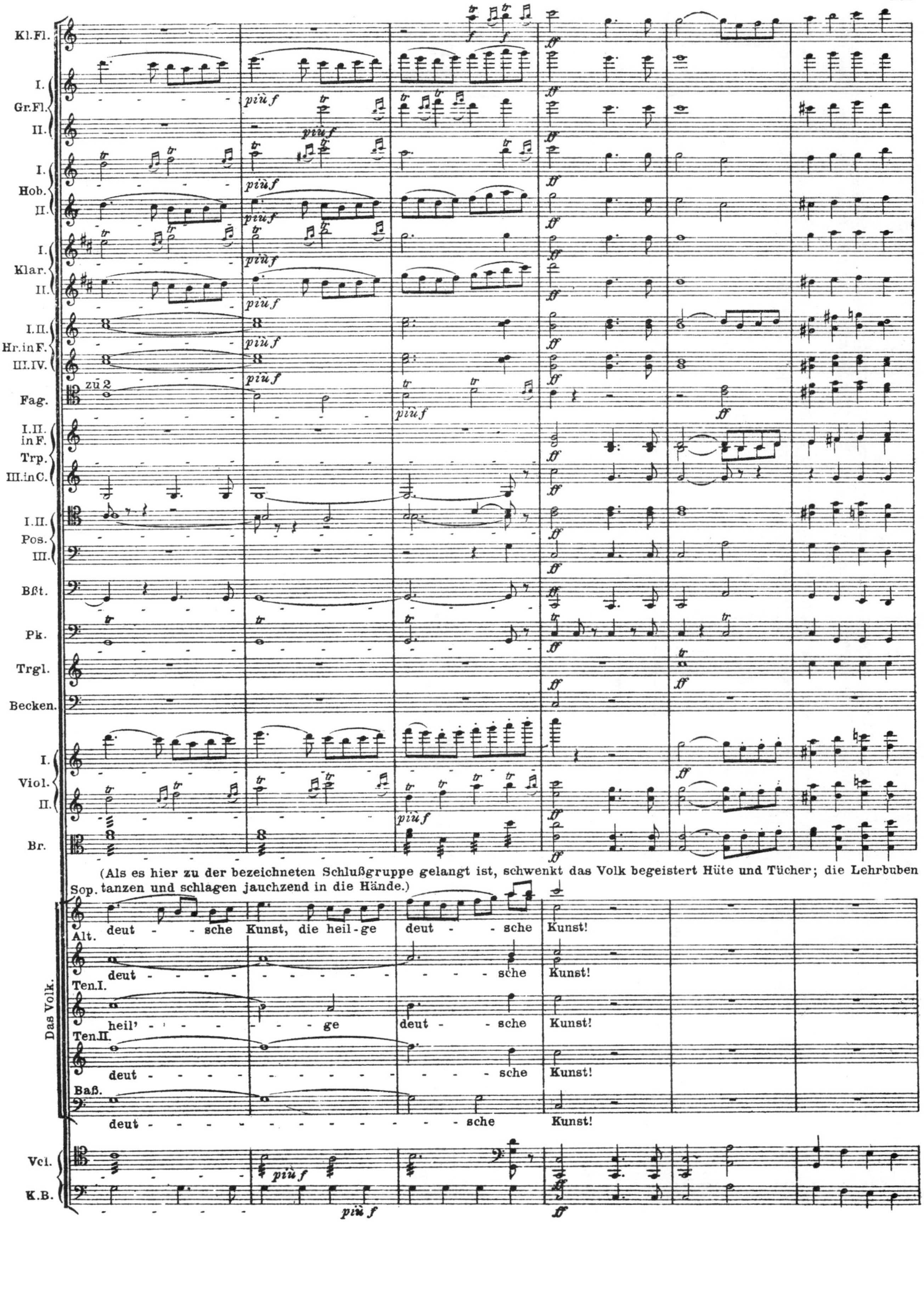
Kl.Fl.
I. Gr.Fl. II.
I. Hob. II.
I. Klar. II.
I.II. Hr.in F. III.IV.
zu 2
Fag.
I.II. in F. Trp. III.in C.
I.II. Pos. III.
Bßt.
Pk.
Trgl.
Becken.
I. Viol. II.
Br.
più f
ff
(Als es hier zu der bezeichneten Schlußgruppe gelangt ist, schwenkt das Volk begeistert Hüte und Tücher; die Lehrbuben tanzen und schlagen jauchzend in die Hände.)
Das Volk.
Sop. deut - sche Kunst, die heil-ge deut - sche Kunst!
Alt. deut - sche Kunst!
Ten.I. heil' - ge deut - sche Kunst!
Ten.II. deut - sche Kunst!
Baß. deut - sche Kunst!
Vcl.
K.B.

Ende der Meistersinger.